恋愛映画小史

はじめに

日本の敗戦のとき、私は海軍の少年飛行兵として国内で訓練を受けていた。特攻隊に行かずにすんだとホッとしながら、いったいなんのために戦ったのか、ということは考えずにはいられなかった。部隊は解散し、私は郷里に帰って就職した。そして数カ月後、それまで四年間途絶えていたアメリカ映画の輸入公開が再開した。昨日までの敵で今日の支配者であるアメリカ人を知らなければと思って私は早速映画館にかけつけた。

最初に見たのは「春の序曲」という歌謡映画だった。歌手を志して地方からニューヨークにやってきた若い女性が街を行く。それがあまりに颯爽としているので、すれ違う男たちがみんなつぎつぎとふり返る。その男たちの表情がみんな明るいことに私は衝撃を受けた。私の日本的常識では、そんなとき男たちはニヤニヤ下卑た表情をしているものときまっていた。だからその明朗さには本当に驚いたのだ。戦争に負けてかえって良かったのかもしれない、と、そのときはじめて思った。続いてすぐ「キューリー夫人」を見た。これは有名な女性の科学者の伝記映画で、まじめな内容であるが、見せ場はなんと言っても彼女の師匠にあたるムッシュー・キューリーに愛されて求婚され、結婚に至るくだりである。彼はもう彼女にひざまずかんばかりに丁重にふるまう。これにももう、うっとりした。

私が映画狂になったのはこの二本のアメリカ映画を見てからである。十五歳だった。日本映画もよく見たし、映画の新作が不足していた戦後には旧作がしきりと再上映されたので古典的名作もあらかた見ることができた。戦争中には禁じられていたラブシーンを存分に見て、良い恋愛をしなければ生まれてきた意味はないとさえ思った。

恋愛映画小史　目次

第六章　恋愛に厳しいイスラムの国々で

カバーデザイン　河村貴志（アンドブック）
校正・校閲・組版　鷗来堂
編集協力　尾塩 尚

第一章　日本で恋愛が危険思想だった頃

日活向島新派の「二人静」

明治末期から昭和の初期頃にかけて、日本の大衆演劇の主流だったのは新派劇である。江戸時代の演劇である歌舞伎を旧劇と呼び、これに対して現代を描く大衆演劇を新派と呼んだのである。現代を描く演劇にはもうひとつ新劇があり、現在も続いているが、これはもともと、学者たちの指導によってシェークスピアとかイプセンとかの西洋演劇の紹介からはじまったものだった。それが日本の現実もお芝居にしてやるようになったのである。しかしもともとが、西洋の進んだ思想を日本に紹介しようという啓蒙の立場にあったので、娯楽性はどうしても二の次、三の次になる。これに対して、歌舞伎同様、観客に受けるということを根本にした演劇が新派である。歌舞伎は役者がどんなポーズをとったら観客が喜ぶかということをなにより大事にして、そのノウハウを長年つみ重ねてきた演劇である。その型の多くは近代化、西洋化によって風俗習慣が変ってしまった現代を表現するのには使えないが、しかし、そのちょっとした部分部分や、ポーズのとり方のコツ、気合い、せりふまわし等、そうしたところには歌舞伎から受け継いで活用できるものもたくさんある。そうした立場から、現代劇にも歌舞伎ゆずりと言っていい芸を取り入れて観客を喜ばせる。それが新派劇の目ざしたものと言えよう。歌舞伎ほど極端な様式化はしないで、現実的な身ぶり表情とセリフで実際的にあり得る同時代人の言動を描くが、新劇が目ざす本格的なリアリズムとは違って、舞台の全体が美化された絵であり音楽であり詩（美文）であるような表現を理想としているのである。そのためには歌舞伎的なリズムや抑揚に近いセリフさえとり入れて観客をうっとりとさせる。酔わせる。

その最も有力な作家のひとりに詩的な美文で高く評価されていた泉鏡花がおり、その「日本橋」など、芸者の色恋という通俗小説好みの題材でありながら文学的にも無視できないものであった。こうして新派劇は一世を風びした。

日本の映画産業は一九〇〇年頃から東京と京都で始まったが、京都ではもっぱら、歌舞伎の人々によって時代劇が作られ、東京では新派系のたくさんのグループによって現代劇が作られた。それらのうちの比較的大きな少数のプロダクションが合同して日活と呼ばれる最初のメジャー会社が発足したのが一九一二年で、この会社は東京と京都に本格的なスタジオを建設して量産をはじめる。東京では向島で太陽光で撮影できるガラスばりのスタジオを建設して、新派系の芝居の人々を集めて現代劇を週一本ずつ作って全国に配給した。そして残念ながら一九二三年の関東大震災で被災した。それでしばらく京都の時代劇スタジオに間借りをして製作を続け、一九三四年にはまた東京にもどり、多摩川の近くに日活多摩川撮影所を建設して、後発の松竹大船撮影所と競う有力なスタジオになるのである。

さて、失われた日活向島撮影所であるが、溝口健二の師匠であった田中栄三監督などが中心になって、何本か素晴らしい作品があったようだ。新派劇が目指した、現実描写を超えるリアリズム表現の模索などもあったと伝えられる。しかし、残念ながら、いまフィルムが残っていて見ることが可能なのは、佳作とも言われたわけではない凡庸な作品が一本あるだけである。

無声映画鑑賞会という集まりで、ときどき弁士説明つきで上映される「二人静」全十一巻は、日活向島撮影所の一九二二年、大洞元吾監督作品だということである。だ、い、う、こ、と、で、あ、る、という、のは、じつはこれがあまり明確ではないのである。この作品は、ストーリーは完全に通じるし、とくにフィルムが飛んでいるとも思えないので、この年代の作品としては珍しく見事に保存された貴重なものなのであるが、惜しむらくは最初のタイトルがすっかり欠けている。しかも日活の社史にも記載されていないということで、これを大洞元吾監督作品であろう、というのは稲垣浩監督の記憶だそうである。田中純一郎の「日本映画発達史」の年表では、大正六年一月に「二人静」が封切られたとある。しかし、この「二人静」は帝劇オペラ出身の女優中山歌子の主演するもので、彼女が日活へ入社したのは大正九年だそうであるから、それは再映画化なのだろう。また大洞元吾は当時もっぱらカメラマンとして活躍していた人だと思うのだが、監督もしたのだろうか。とにかく、この時代の考証ということになると私などは全く苦手である。どなたか、しかるべき人に、この珍しいフィルムの身分証明書をぜひつくってほしいと思う。しかし、そういうアイマイさはあるにしても、とにかくこれは、日活向島作品としてほぼ完全なかたちで今日残された、おそらくは唯一の長篇作品であり、たとえこれが、当時の向島作品の代表作でも傑作でもないとしても、これしか残されていない以上、われわれは、これによって、向島新派のなんたるかを想像するしか仕方がないのである。その意味で、この映画が松田春翠の手で発掘公開されたことは非常に有難いことである。

私などの世代には、日活向島撮影所といっても、なんのノスタルジアもない。しかし、衣笠貞之助と溝口健二がこの撮影所の出身であるということだけからしても、この撮影所でつくられた、いわゆる日活向島新派映画が、どのような内容とスタイルを持ったものであるかということに深い関心を持たないわけにはゆかない。それは、今日のテレビ・ドラマにまで連綿とつづいている女性メロドラマの源流であり、衣笠貞之助監督のあの情緒てんめんたる情愛の世界をはぐくんだものであり、同時に、溝口健二監督の女性悲劇の土台となったものである。溝口健二は、まず、新派映画の監督だったのであり、「瀧の白糸」や「残菊物語」のような典型的な新派劇の映画化も代表作に持っている監督なのである。ヨーロッパでヌーベル・バーグの若者たちに絶賛されたその晩年の作品といえども、明らかに、その作劇術の土台には新派の教養を持っていたのである。そのことは、「山椒大夫」のラストの佐渡の海岸での母子再会の場面や、「近松物語」の長谷川一夫と香川京子の濡れ場のかずかずを思いうかべるだけで十分であろう。深い思いに結ばれた人物が二人、互いに相手を強く意識しながらそこにいる。しかし、身分の壁や、二人を引き離した長い時間の壁にさえぎられて、二人は、すぐにはひしと抱き合えない。そこで、相手の心を手さぐりするように、思いのこもった言葉など切れ切れに交わし合い、少しずつ、相手の気持をたしかめるようにしていざり寄ってゆく。その二人の間をへだてる壁の厚さを十分に観客に意識させながら、しかも、じりじり、じりじり、その差をつめてゆく。ひとつには、日本人の畳の上の生活様式が、互いに駆け寄ってひしと抱き合うような活潑な動きを許さないこともあって、座ったまま、あるいは立ったりしゃがんだりを繰り返しながら、ゆっくりとにじり寄ることになるのだが、そのゆっくりした動きは、二人の間の厚い心理的な壁が、互いの強烈な思いによって押し破られてゆくという、激しい情念の表現になるのである。こうした表現は溝口の有名なロング・ショットによるワン・シーン＝ワン・カットの手法などもそうであるが、ゆっくりとにじり寄る二人の間の心理的緊張感を丸ごと表現するためにとられたものではないか、と想像できる。ゆっくりとにじり寄るその動きのゆっくりさ加減こそがその心理的緊張の表現になるのであって、カット・バックをしたり、クローズ・アップを使ったりして、その動きに飛躍を与えたら台なしになってしまうのである。こうしたゆっくりとにじり寄り合う愛情表現は、もともとは人形浄瑠璃のものであり、歌舞伎のものであって、封建時代に確立されたこの〝心理的な厚い壁の美学〟を、新派は、明治末期から大正時代の現代生活にアレンジし直したのである。しかし、明治、大正という時代は、身分制度の壁が大きく揺らいで、上下の階級間の移動が急に激しくなった時代であったから、それを反映した今日的な芝居として、新派には、身分違いの恋、というテーマが非常に多く取りあげられるようになり、浄瑠璃ゆずり、歌舞伎ゆずりの〝心理的な厚い壁の美学〟は、新派においていっそうの劇的な深まりと美的な洗錬に達することになったのだろう。つまり、明治、大正時代には、激化した階級移動を反映して身分違いの恋というものが大量に発生したに違いないが、人々の心情というものはそう簡単に変るものではないから、その種の恋は圧迫され、本人同士も自らの内なる強い抵抗感と戦わなければならなかったのだろう。新派は、そういうラブロマンスを多く取りあげ、それを、強い情念を心の内に燃えたぎらせながら外面的な動作はごくゆっくりしている、という、独得の自己抑圧的な動きにまとめあげたのではないか。溝口健二の作品における、テーマの選び方、作劇術、演出術には、終生、以上のような新派のスタイルが強い影響を残している。おそらく溝口は、そのリアリズム系のいくつかの作品では、新派的な表現の甘さをかなぐり捨てようとして意識的に努力したに違いない。しかし、否定しようと努めれば努めるほど、その影響は、より精錬され、より純化されたかたちで晩年の作品ににじみ出ることになったのではなかろうか。その溝口の新派的素養は、主として、この日活向島撮影所において新派悲劇映画の助監督から監督になった時期につちかわれたものと考えていいであろう。

溝口論はさておき、製作スタッフ不詳の「二人静」である。原作は柳川春葉。

ヒロインは浪次（中山歌子）という芸者である。彼女には渋江輝雄（新井淳）というブルジョアのドラ息子ふうの旦那があり、その間に男の子が一人いる。輝雄はそのことを世間には秘密にしている。輝雄には上流家庭の娘の三重子という婚約者がおり、家の体面からいっても当然三重子と結婚すべきなのだが、浪次からも、捨てては嫌、と迫られて迷っている。その浪次と輝雄の関係は、偶然、三重子の弟竜吉（宮島賢夫）に知られて明るみに出て、輝雄の叔父村木（荒木忍）が怒って輝雄を叱る。また、浪次を料亭によんで身をひくように頼む。浪次は自分たちは子まである愛し合った仲だと言って泣いて訴えるが、結局あきらめる。そして、訪ねてきた輝雄に愛想づかしを言って別れる。やがて輝雄と三重子は結婚し、浪次は病気で倒れる。その病気の間に、子どもは輝雄の家にひきとられる。浪次の母は、子どもの幸福のためにはそのほうがいいと言うのである。病気の治った浪次は、子どもに会いたくてたまらなくなって輝雄の家へ行く。しかし、そこで三重子が自分の子を彼女自身の子のように立派に育てていることを知って、彼女に感謝して去る。

輝雄は、二人の女を苦しめたことの悩みから、樺太に渡って事業を始める。それを追って妻の三重子も子どもを連れて樺太へ行き、浪次もまた、樺太へ行く。いっぽう、輝雄と結婚する以前から三重子には彼女に横恋慕している唐沢という医者とその子分のような男がいて、三重子を誘拐しようとしたり、いろいろ悪いことをしているのだが、これがやはり樺太に来ていて、アイヌの人たちを煽動して再び三重子を誘拐しようとする。それを偶然通りかかった浪次と輝雄が助けて、メデタシ、メデタシとなる。

ストーリーはまことに古風である。芸者が、旦那の縁者から別れてくれと頼まれて愛想づかしを言って別れるというのは、歌舞伎や新派劇にたくさんあるシチュエーションだが、あるいは小デュマの「椿姫」の焼き直しかもしれない。雪の樺太で新事業をはじめようとしている人たちを、悪漢がアイヌを煽動して迫害しようとするのは、おそらく当時のアメリカの西部劇の影響であろう。すでにアラスカものの活劇もあったとすれば、その影響かもしれない。

撮影と演出の技術的水準から言うと、まず、ロケーション撮影が極端に少ない。家の外観とか、道路とか、神社の境内といった場面でちょっとずつ屋外撮影が行われている以外は、ほとんど全部セットである。それも室内場面だけではなく、向島の百花園の庭園の場面とか、さいごの樺太の白樺林のある雪原の場面なども、すべて、書割りの風景ですませている。

セリフの字幕がないこともひとつの特徴である。この当時の新派悲劇映画は、説明者が何人もいて、それぞれ登場人物の役を受持って掛け合いでセリフを言っていたので、セリフの字幕は必要がなかったのであろう。もっとも、そう言えば一人で説明するばあいだっておなじことであるわけだが、やはり説明者多数ではセリフの字幕はうるさかったのだろう。セリフの字幕はないが、そのかわり、シークエンスの変り目ごとに、小見出しふうに簡潔にそのシークエンスの要点をまとめた文句がきれいなイラスト入りの字幕で出る。たとえば、「義理と義理」「母の心配」「板ばさみ」「情に感じて」「義理と意地から雪国へ」「紅雪紛々」「煽動」などである。これが二十あまりある。シークエンスの始めにそのシークエンスの要約の小見出し的な字幕を入れるというのは、ゴダールが一九六二年に、ブレヒトの芝居の影響だとして「女と男のいる舗道」で試みて評判になったものであるが、べつに新しいことでもないわけである。

「義理と意地から雪国へ」というタイトルがあることでも明らかなように、意地という観念がとくに強調されていることが私には興味ぶかい。一般に新派悲劇は、歌舞伎の世話ものとおなじく義理人情の板ばさみの悲劇であると言われている。この映画でも、「義理と義理」「情にひかれて」「板ばさみ」と、おあつらえ向きのタイトルがあって、これが義理人情の板ばさみの物語であることを明示している。浪次にとっては、輝雄との仲を裂かれたくない、また子どもを奪われたくない、というのが人情であり、いっぽう、輝雄の正妻の三重子から自分の子を温く育ててもらっているということが義理である。その板ばさみからあきらめて身をひくわけであるが、彼女がただ、自己主張をしない、というだけではドラマにはならない。つまり「義理と人情の板ばさみ」というだけではドラマにはなるはずがない。ドラマというものは、基本的にはやはり、自己主張をする者同士の間の確執であり、葛藤であるはずだからである。義理人情のドラマにも、たんなる泣き寝入りの感傷だけではなく、主体的な自己主張があるはずなのである。「二人静」では、それが、はっきり、意地という言葉で明示されている。芸者が旦那の子を生んだからといって旦那と夫婦になれるわけではない、という差別を浪次は強制される。無力な彼女としてはこの差別を拒否することはできない。しかし、その口惜しさは意地となって彼女の心に蓄積され、彼女を説得に来た輝雄の叔父に対する必死の抗弁や、雪の樺太に女一人で輝雄を追ってゆくという行動になってほとばしり出る。義理と人情はドラマの状況設定にすぎず、それをクライマックスにまで盛り上げてゆく劇的な力は、意地というモチーフによって生じるのである。いわゆる「義理人情」のドラマにおいて、「義理」と「人情」が一対の対立概念をなしていると考えるべきではなく、「義理人情」対「意地」

が一対の概念だと考えるべきである。

差別社会において、差別に公然と反撃する手段や意識を持ち得ない者が、差別に対する怒りを内攻させ、その怒りを、しばしば非合理なかたちで持続的に発散させてゆくのが意地である。歌舞伎や新派における義理人情のドラマというのは、より近代的な概念に置き換えるならば、その大部分は、差別とそれに対する恨み、ということである。日本の封建社会は差別社会であると同時にしばしば温情主義によってその差別のあつれきを少なくしようという工夫のこらされている社会でもあったから、温情主義によって差別の現実を見失っていた弱者が、いざというとき差別の現実に直面させられると、それは深い恨みとなり、意地とならずにはいない。「二人静」の浪次は、愛してくれていると思っていた旦那が、やはり旦那の立場で自分を芸者として差別しているにすぎないと知ったとき、その恨みを意地に結晶させてゆくのである。いわゆる「義理人情の悲劇」は、じつは「差別に対する意地のドラマ」として再検討されるべきである。と言うより、新派悲劇における意地の要素に注目して、それを、より現実的なドラマの中で拡大深化させていったのが「浪華悲歌」以後の溝口健二の作品だった、と思う。

溝口健二の「残菊物語」

敗戦のとき、日本を占領したアメリカ軍は日本映画を検閲して軍国主義的と見られる作品はすべてアメリカに送って保存した。時代劇なども、軍国主義の土台である封建思想の温床であるとして新作の製作を大幅に制限された。このとき、時代劇ではないが封建思想を美化しているという理由でアメリカに送られて上映できなくなった作品のひとつに、溝口健二監督が一九三九年に松竹京都撮影所で作った「残菊物語」があった。

これは村松梢風原作の新派劇の映画化である。戦前に日本の男性中心社会に対する女の抵抗というテーマの社会派女性映画の力作を連続的に作って評判になっていた巨匠の溝口健二が、戦争協力の主題でなければ映画は作れないという状況になって、いまさら戦争映画も作れず、芸人が芸道に励むという内容なら政府の政策に反するわけではないからなんとかなるだろうと考えて作ったものである。

明治の東京の大歌舞伎の内幕を扱っている。五代目尾上菊五郎の養子の菊之助は名門の後継ぎになってチヤホヤされている。そういう彼に尾上家の雇い人であるお徳という女が、おだてに乗らないで稽古にはげむように忠告する。それに感動した菊之助がお徳に惚れる。ところが尾上家では、お徳が名門の妻の座をねらって彼を誘惑しているのだと考え、彼女を悪しざまにののしって解雇する。二人は大阪に行き、菊之助は大阪歌舞伎に入って修行するがその苦労はたいへんなもので、お徳がけんめいに支える。そしてようやく菊之助の東京大歌舞伎への復帰のチャンスを得たとき彼女は、自分が身を引くことがその機会をモノにする条件だと悟ってどこかに行ってしまうのである。

そして東京復帰に成功した彼が看板俳優として大阪に戻ってきて、華麗な船乗り込みで大阪の川めぐりの先頭に立つことになったとき、じつはお徳が大阪の裏長屋で死にかけていることを知り、菊五郎からの結婚を認めるという知らせを持って彼女の死の床にかけつける。

正にこれは権力者がいばりつづける封建社会ならではの恋愛悲劇であり、封建思想の温床と言われても仕方のない感傷的な大メロドラマである。しかし我々はこんなとき、こんなことでだまされてはいけない！　などと、死んでゆく彼女に言えるだろうか。彼女自身、自分はただ菊之助に立派な役者になってほしいと思って忠告しただけです。だからこうして今、立派にいい役者になった菊之助を尾上家にお返ししたではありませんか、と言われるかもしれない。

じっさい彼女が身を引いて行方不明になってしまったあと、じつは以前間借りしていたこの大阪の裏長屋に戻ってきて、そこの娘に菊之助のことを聞かれ、彼女は、あんな男、もう一緒にいるのが嫌になったのさ、と言っている。この言葉が本心かどうかは疑わしいが、筋は通っている。尾上家の多くの従業員たちの面前で彼女は女主人から、名門の主婦の座をねらって菊之助を誘惑している卑しい女、ときめつけられ、公然と侮辱されたのだ。明治時代の下層の教養もない女としては、恋愛の自由とか人権とかいう理屈は知らなくても、恥をかかされたことは骨身に徹している。そら見ろ、私は菊之助を立派な役者にしてみせたのだ！　と、彼女がそう言いたいと思っているとしてもおかしくないし、むしろ賞めたい。ただしそうなるとこれは全体が女の意地の物語になってしまい、愛の物語ではなくなってしまうかもしれない。しかし溝口は日本人なのだ。キリスト教的な理念としての恋愛映画を作ったわけではない。むしろ身分が低いからというだけで使用人などには人間的なマゴコロなどあるはずがないような言い方をする尾上家のいばり方に対する反発と自尊心こそが菊之助に献身的につくす真の動機だったかもしれない。少なくとも溝口健二はこれを単純に甘い感傷で撮っているのではない。日本のラブロマンスはキリスト教的な愛の理念を重視しないかわりに日本的な意地が重要である。溝口健二の「残菊物語」はその最も見事な作品である。さいわい一九七〇年代にはこのフィルムはアメリカから日本に返され、今では自由に見れる。溝口健二はワン・シーン＝ワン・カットと呼ばれた彼の独特の長回しの技法をこの映画で完成させた。

俳優は当時の新派系のベテランを総動員し、主役の菊之助は当時の新派を代表する花柳章太郎が好演したが、特筆すべきはお徳を演じた森赫子である。映画の主演は殆どこれ一本であるが、そのせつなくふりしぼるような発声のけんめいさが彼女の生き方のけんめいさそのもののように響き、忘れ難い名演となった。これは新派の到達点であり、日本映画史上のベストの作品のひとつである。

帰山教正の「幻影の女」とヌードシーン

大正時代に重要な仕事をした人で帰山教正《かえりやまのりまさ》という監督がいた。当時の日本映画界では珍しく、東京の蔵前にあった東京高等工業学校（現東京工業大学）出身で、映画会社につとめ、英語が出来たのでアメリカから映画の専門書をとり寄せて技術的最新知識などを知らせ、日本映画のどこがどんなぐあいに遅れているかを指摘する評論活動もした。シナリオをちゃんと書くこと、女形を止めて女優を使うこと、などなどの主張には知識層の映画ファンで同調する人も少なくなかった。そうやってすでに当時アメリカやイタリアで作られていたような芸術性のある映画的な映画を作ろう、という動きが生じ、これが純映画劇運動と呼ばれた。その動きに乗って彼は映画芸術協会という仲間の組織をつくり、会社を動かして「深山の乙女」「生の輝き」（一九一九）という二本の低予算作品を発表した。芸術映画を待望するファンたちは待ちかねて見に行った。そしてがっかりした。それで彼は、歴史に名は残したが、ファンからは見捨てられてしまったのだった。どうもアメリカ映画の真似の未熟さで芸術青年たちをがっかりさせたらしい。

しかし新人監督の、しかも低予算作品が見るに耐えない出来だったなど、よくあることでないか。と、私など思わないでもないのだが、じつは私がそう思うようになったのは、のちに彼の著作を古本で手に入れて読んでからである。驚くべし、まだ戦前の時期に彼はポルノ映画の研究者として著作をあらわしていたのである。もちろん映画館で上映される普通の映画では、キッスはおろか抱擁も検閲でカットされていた時代に、非公認のエロ映画にまでふれながら映画の性表現についてまじめに論じていたのである。そう言えば、彼がそのご作ったという「幻影の女」（一九二〇）という作品は、〝霊肉一致〟がテーマだったと言うのだが――と。

「霊肉一致」などと言う言葉は今ではもう死語だが、大正時代に哲学者の厨川白村が恋愛至上主義という主張で評判になって、恋愛とは崇高な精神的なものだという議論が生じたとき、いや、肉欲だってそんなに見下したものではないのではないかと言う者もあり、いやいや、精神性と肉体的な喜びと、両方一致でええじゃないか、と言う議論もあって、これを「霊肉一致」と称したと、なんとなく記憶している。まじめにエロを論じる帰山教正としては当然それで良いわけだ。どんな映画だったのだろうか。

そう思っていたら、意外なことがあった。古くからの知り合いの東和商事（現東宝東和）以来の人で青山敏美さんという人がいた。新劇の俳優で演出家の青山杉作の弟で、東和では戦前には公開する映画を検閲当局に持って行って検閲官と折衝する仕事をやっていらっしゃった。そこで私は、当時私が自費で刊行していた「映画史研究」という小雑誌にその経験を書いていただいた。そうしたら青山さんは、「よかったらこれも載せて貰えまいか」とおっしゃって、「映画芸術協会とわが兄青山杉作」という回想録を持ってきて下さった。青山杉作は帰山作品によく出演していたので、紹介されて帰山教正を知り、映画芸術協会に出入りして助監督のようなこともやっていたという思い出が書かれているのだ。そこでは、自分も「生の輝き」ではがっかりしたほうだったと書きながら、「幻影の女」には感動したことが書かれていたのだ。常識外れの長い引用になるが、亡き青山さんもなるべく広く読まれたいと思って書かれたと思うので、あえて長い引用をさせていただく。

映画芸術協会の第一回作品は英国の作家の短篇小説「夢の中の女」から帰山がヒントを得て脚色した「幻影の女」というものであった。然し背景が海辺とそれに続く広大な砂漠地帯なので、伊豆大島へ長期ロケして撮影された。

一九二一年頃の大島三原山の麓は現在のような溶岩流の跡は全然なく、本当の砂漠のような広々とした砂地だった。それに大島通いの汽船は三〇〇トン足らずのボロ船だったので、観光客は殆どなく、絶好のロケ地だったそうである。

「幻影の女」の物語は次のようなものだった。

画家の長浜は愛とはプラトニックなものだと固く信じていた。しかし恋人の百合子が彼の友人でプレイボーイ的な林の恋愛観にすっかり魅惑されているのを知って失望し、思い悩んだ末、孤島の廃屋に住み、画業と思索に専念する。

ある日、彼は砂漠で写生している中に日射病に冒されて倒れるが、その時奇怪な幻影を見る。

それは荒くれた海員風の男に伴われた異国風の美しい娘だった。彼は娘に近づこうとするが、いつも海員に邪魔され、争いになる。そして噴火口で争っている中に彼は噴煙の毒気にあてられ、気を失ってしまう。気付いた時、彼は百合子と林に介抱されている事を知った。結婚した二人ははるばる孤島へ彼を訪ねて来て、砂漠で倒れているのを発見したのだった。瀕死のベッドで長浜は、幻影の女との出会で、本当の愛とは霊と肉の一致である事が分かったと告白して死ぬ。

私はこの作品の撮影を全然見ていない。殆ど伊豆大島で撮られたからである。その代り現像所でミッチリ手伝った。染色や調色の手伝いやら、ネガ編集やポジ編集の手順など、色々なことを覚えこんだ。

「幻影の女」の試写は神田の新声館でやった。近くに俳優の英百合子と柳永二郎が経営しているミルクホールがあったと思う。

この試写には製作関係者の外に映画雑誌の批評家も招かれたらしく、キネマ旬報の田中、田村の両氏が顔を見せていた。

「幻影の女」では何よりも酒井健三のカメラが素晴らしかった。ただ室内の実景撮影の一部に不鮮明なところがあったが、他は映像がシャープであり、しかも艶があった。特に開巻の木立ちを透かして撮ったピクニックのシーンは従来の日本映画には全く見られなかったユニークな構図であった。そして主人公をめぐる画学生やモデル娘たちの騒音や嬌声が、すがすがしい若葉の香りと共に初夏の風に乗って場面外にまであふれて来るようで、私はたちまち画面にひきずり込まれてしまった。大島三原山麓のロケも成功だった。山麓の砂漠は海辺まで続いているのでローアングルで撮影すると遥か地平線まで拡がる広大な砂漠に見えたのである。また海岸には大型の木造船の残骸が残されていて、何となく無気味で幻想的な雰囲気を漂わせていた。

そんな訳で、私は画面に吸いこまれて見た。そしてこれこそ本当の純映画劇だと思った。旬報（註・雑誌「キネマ旬報」のこと）の田村幸彦もそうだったらしい。映写中に何度か感嘆の声をあげていたし、映写が終ると、いきなり「写真！写真！」と大声をあげて記念写真を撮ろうとして騒いでいたからである。

夢中で見たことは見たのだが、疑問がない訳ではなかった。テーマの「愛とは霊肉の一致である」が、ラストに病床の長浜の台詞字幕で長々と、しかも難しい字句で語らせているのはどうもこの作を一般観客から遠ざけはしまいかと懸念されたのである。然し帰山監督としては、逆にこれで「幻影の女」がただの娯楽映画ではなく、立派な芸術作品であることを強調したかったのかも知れない。

もちろん映像的に長浜の愛に対する信念の崩壊を表現している場面はあったのである。それは幻影の女が全裸で水浴するのを彼が覗きみるシーンである。これが彼のかくされた願望の表れである事を、その頃の未熟な私には読みとれなかったのである。もしも覗き見た後の長浜の心理的変化を表わすカットが一つでもあれば理解できたのだろうが——。

このヌード・シーンの撮影は恐らく日本映画最初のものだと思うし、また検閲の鋏を考慮して大ロングで撮られていたが素晴しい出来栄えで、私も思はず声を呑んだ。

後年、酒井カメラマンがこの時の思い出を語っているが、撮影の日の空と海と海浜が何とも言えぬ調和を見せていたそうである。

「もしフィルムが現在のようなパンクロだったら、素晴しい画になっていたでしょうが、当時のオーソクロームではあれで精一杯でした。」と口惜しがっていた。

「幻影の女」の出演俳優は青山杉作、近藤伊与吉、吾妻光子の三人だけである。兄の杉作は「生の輝き」と「深山の乙女」では老人役。「白菊物語」では敵役だったが、今回は彼が長髪だったのと生来画才に恵まれていたので、画家の長浜の役を振られたのであろう。そして内攻型の長浜の性格をよく理解して演技していた。それに何よりも砂漠の生活に移ってからの、開襟シャツに乗馬ズボン、厚い長靴下というコスチュームが長身の彼にピタリで、兄弟のひいき眼で見なくとも颯爽たる二枚目ぶりだった。

恋敵の林を演じた近藤伊与吉は大げさな臭い演技をする人だったが、幻影の中の荒くれた海員にはその演技が却って効果的だったようである。百合子と幻影の女をやった吾妻光子は、まだ演技など身につけてない素人俳優だが、持ち前の美貌と美しい姿体でそれをカバーしていたようである。

私がこの「幻影の女」に就て長々とこだわったのは私自身この作品が好きだったからだが、実は三回も見ているのである。試写と封切の時と、それから翌年に夏休みで帰省したら偶然にもこれが新発田町で上映されていたので、純映画劇が地方ではどんな受け方をしているかを見るためだった。

見たのは確か土曜のマチネーだったが立見こそいなかったが座席は満員なのでまずホッとした。ところが主任弁士が前説でこの映画がいかに優れたものであるかを滔々と弁じ、しかもこれを演じているのは僅か三人で、外国人もこれには驚倒したそうで、しかも主演を演じているのは当地中学校の出身者、生家は近在の大きなお寺だそうです、と熱弁を振ってくれたのには閉口したが、郷土というのは有難いものだ、と嬉しかった。

一九二〇年、つまり大正九年にすでにヌード・シーンのある日本映画が作られて公開されているというだけで驚きであるが、しかもそれが〝霊肉一致〟という思想的主張を公然とかかげられていたものだったということは興味深い。日本映画もまじめにがんばっていたのである。

チャップリンの「巴里の女性」

一九二三年のチャールズ・チャップリン監督作品「巴里の女性」は、長い間、フィルムが失われてしまったとばかり思われていた伝説的名作である。のちに、コマーシャル・ベースによるチャップリンの傑作群の華々しいリバイバルが行なわれたにもかかわらず、この作品は劇場では見ることができなかった。ところが、この作品のおそらくは完全なものと思われるプリントを誰かが保存していて、8ミリ版で売りに出され、日本のコレクターたちの手にも入って、ついにあるとき私もそれを見ることができた。こういう奇蹟のようなことがあるから、まだ見ぬ古典への見果てぬ夢は果てることがないのである。

しかも、昔の批評などを読み、おそらくはこれがチャップリンの最高の作品ではあるまいかと思っていた夢想は、いささかも裏切られることがなかったのだから、私は幸福であった。一般に、メロドラマは時間の侵蝕作用に耐えることが困難であると考えられる。それに較べて、スラップスティック・コメディはいつまでたっても古くならないと言われる。グリフィスやバレンチノや「愛染かつら」や「君の名は」が、いかに名高くても劇場でのリバイバルなど考えられないのに、チャップリンやキートンやロイドが今日ますます大衆芸術の鑑として名声を高めていることからもそう言える。もっとも私は、今日でもなお、「散りゆく花」や「血と砂」、昔の「君の名は」を見て感動することのできるセンチメンタリストであるから、そうした大方の考えかたに必ずしも同調する者ではないが、一般論としてはかなりの程度までそう言えることには同意せざるを得ない。一般にメロドラマは、過度のセンチメンタリズム、オーバーな表現、型にはまったストーリーの展開、偶然を多用したイージーなプロット、古くさい道徳観、等によって急速に色あせてゆくものであるが、驚くべし、「巴里の女性」は、メロドラマ以外の何物でもないにもかかわらず、それらの弊におちいっておらず、いま見ても完全な作品であると思う。

ファースト・シーンは、フランスのある田舎の小さな町（村？）の一軒の家のフル・ショットから始まる。おなじアングルのまま、カメラをより接近させて三ショットほどつづけ、その家の二階の窓が大写しになる。そこで、はじめおぼろげに見えていた窓にたたずむ女性の姿が三ショット目ぐらいではっきり見えるようになる。その女は、窓の外、つまりカメラの方をまっすぐ向いて薄暗い部屋の中にじっと立っているのである。胸をワクワクさせて見た先入観のせいかもしれないが、このファースト・ショットからして、これはただならぬ作品であるということをはっきりと宣言しているような不思議な力がある。なにか窓際に人影らしいものが見えると感じたのが、じつは薄暗い部屋の明りもつけず、じっと何かを恨むような瞳でこちらを見ている美しい女であると分かったとき、これから展開される悲劇のモチーフがすべてそこに凝縮され、予告されているように感じるわけだ。これは不幸な女性である。彼女は幸福を待っているが、おそらくはただそれを待つだけであって、ついにそれを手に入れることはないであろうということが、ほとんど身じろぎもしない彫像のような姿勢によってくっきりと暗示されている。幸福をつかもうとする女性なら、これほどじっとして彫像のようではあり得ないだろう。もっとなにか、動くはずである。彼女が彫像のようにじっとたたずんでいるのは、字幕で説明されているように、恋人と会うことを父親に禁じられて部屋に鍵をかけられて閉じこめられているからというだけでなく、そういう幽閉されたヒロインという悲劇的な自分の立場を自分にふさわしい運命として受け容れているからではないか。そういうイメージが、最初の数ショットでズバリと定着する。

この女性、エドナ・パーヴィアンスの扮するヒロイン、マリー・サン・クールは、幸福と不幸の分かれ目に立ったとき、つねに不幸のほうを選ぶ女性であることが、ストーリーの展開につれて明らかになる。ファースト・シーンで予告されたイメージはぐいぐい強化されてゆくわけだ。

マリーは貧乏画家の青年ジャン・ミレエ（カール・ミラー）と愛し合っている。しかし父親はそれを許さず、ドアに鍵をかける。彼女は会いに来た恋人に助けられて窓からぬけ出す。しかし夜ふけに二人が帰ってきたとき、怒った父親は家の入口にも鍵をかけて中に入れない。ジャンは戸を叩いて抗議するが、無駄だと分かると、彼女を自分の家に連れて行く。するとジャンの父親も、結婚前の娘を家に泊めるようなふしだらは許せないと怒る。ジャンの母（リディア・ノット）は、いかにもやさしい慈母で、夫の言うことをもっともだと思いながらもなんとかとりなそうとする風情。

しかしマリーは身のおきどころもなく、居たたまれない。ジャンはマリーに、これからすぐ一緒にパリに行こうと言い、彼女を一足先に駅に行かせる。そしてジャンが、悲しみながらもお金を渡してくれたりする母と別れを惜しみ、支度をして家を出ようとするとき、父親が怒りのせいか心臓発作を起して倒れていることに気づく。ジャンは医者を呼ぶ。そのころ駅で待っているマリーは、ジャンがなかなかこないので、ジャンの家に電話をかける。ジャンが電話に出て、「いまちょっと困ったことがあって……」と言いかけたときに医者がくる。ジャンがあわてて、「ちょっと待って……」と言ってドアを開けに行っている間に、マリーは、ジャンが両親にひき止められて困っていると錯覚したのであろう、待つことをあきらめて、ちょうどそこにやってきた最終列車に乗ってしまう。ジャンがもういちど電話機にもどったときには、もう彼女はいない。

誤解による恋人同士の別れ。これは古いメロドラマのルーティンである。これのイージーな濫用が、そのご、通俗メロドラマでどれだけくり返されたか分からない。しかし、「巴里の女性」をその亜流と同一視することはできない。彼女は最終列車に乗らなければもう帰る家がない。だから仕方なく、彼が乗らなくても列車に乗ってしまう。その意味では、止むを得ずたんに運命に押し流されてしまっただけの憐れなか弱い女にすぎないように見える。亜流のメロドラマはそういうシチュエーションの組み方と、そこをセンチメンタル表現でオーバーに謳いあげることだけをこの原典（?）から受け継いだ。しかし「巴里の女性」のこのシーンには、もっと格調の高いニュアンスが含まれている。その高さはどこからくるか。彼女は止むを得ず運命に流されたのであると同時に、半ばは、自ら決心してあえて不幸な道を選ぶのだという意志が匂うところが微妙なのである。彼女はその前に、恋人の父親から、面と向って罵しられはしないけれども、はっきり、ふしだらな女め、という目で見られている。その恥辱感はこれまでの場面で鮮かに表現されている。その恥辱感ゆえに、ジャンが電話であいまいなことを言ったのを彼の優柔不断さの表れだと鋭敏に感じ、そんな男に頼るより、運を天にまかせて女ひとりで生きてゆこうと決心する、そんな意志もそこに作用していたように感じられるのである。だからわれわれは、これをわざと悲劇的なストーリーにするためにでっちあげられた偶然と感じるよりは、人生にはそんな微妙な瞬間というものがたしかにある、と感じ、彼女に同情し、彼女がこの偶然の不運を乗り切って生きてほしいと思うわけである。

彼女が、そこにやってきた最終列車に乗り込む場面はあまりにも有名である。たったひとりホームにたたずむ彼女と駅の建物に、列車の窓の明りが四角い照明の列となってさしかかって来て静かに止り、彼女は画面の端の手前の方に歩いてくる、というワン・ショットである。列車を見せず、彼女のフル・ショットだけで列車が来て止って彼女がそれに乗ったことを表現しているところが、なるほど映画ではこんなテクニックも可能なのかという驚きを当時の人々に感じさせ、伝説的に語り伝えられたのだと思う。そしてこのテクニックは、デイヴィッド・リーンの傑作「逢びき」で見事に応用されているのをはじめ、多くの作品で模倣されて、今日ではすでに陳腐なものになっている。しかし、模倣がいかに陳腐であろうとも、原典の輝きはまだ色あせてはいない。この表現を生んだのは、あるいは当時まだロケーション撮影が不自由であったからかもしれない。映画はセットで撮るものだということが常識で、市街地などの場面もたいてい大きなセットで撮っていた時代である。チャップリンはその当時に完成した自分の美学に忠実に、ついに晩年にいたるまでセット本位の人工的な映像づくりをつづけた。ナマの現実が入ってくると、書割りの背景のほうがむしろいいような寄席芸から発達した世界が崩れてしまうからであろう。そういう制約から、現実の汽車を撮ることを避けたあの表現が生まれたのであろう。しかし、いま、男の頼りなさに絶望してひとりで生きてゆく決心をしたらしい彼女というものを強調するためには、入ってくる列車とのカット・バックなどはたしかに邪魔なのである。むしろ、ひとりたたずんでいる彼女に、なにか決心をうながすような光りが静かにさしかかってくるということのほうが、それこそ、舞台芸術におけるスポット・ライトの効用にも似て、見事に効果的なのである。そのとき彼女は、列車という力強いイメージを持ったものによって強引にひっさらわれていったというような運命的な受け身のあわれさにならず、涙をふりはらうような毅然とした姿勢で舞台正面に立ち、悲しいが女の意地もくっきりと表わすような表情でスポット・ライトをあびた、というような、微妙に積極性を含んだ印象が残るのである。

そして場面は鮮かに、一年後のパリの社交界に飛躍する。豪奢なナイトクラブ。そこにくりひろげられる金持どもの歓楽の情景は、はるかフェリーニの「甘い生活」の原型とも言える。「甘い生活」ほど大げさに手は込んでいないにしても、簡潔で適確な描写は、必要かつ十分な表現になっている。たったいま終った場面で、質素な田舎くさい服装と陰気な表情をしていたエドナ・パーヴィアンスが、一転してこの場面では、ぜいたくをきわめた着飾った女として現れる。あたかも近世のヨーロッパの宮廷の社交界を扱った映画によく見るように、ホールの入口はかなり高くなっていて、そこに男にエスコートされて現れると、満場の視線をあつめてすっくと立ち、フット・ライトをあびた舞台中央のプリマドンナのように艶然と笑う。この映画全体がチャップリンのパーヴィアンスに捧げる愛の讃歌なのだが、とくにこの場面などは、その気持がそのまま、ドラマの重要な一部にはめこまれた表現になっていると言えよう。

ただし、マリーは貴婦人ではなく、「椿姫」のヒロインなどとおなじ高級娼婦である。エスコートして現れたのは、彼女の現在の旦那であるピエール・ルヴェル。株屋で金持で見るからに伊達男。一分の隙もなく洗錬されているが人間的な誠実さもまたひとかけらもないというタイプ。ただし、タイプと言っても、この映画以前にこんなタイプがよく映画に現れたのかどうかは知らない。そして、この映画でアドルフ・マンジュウがこのタイプを見事につくりあげて以後、これが映画の登場人物のひとつのタイプとして確立してよく模倣されたことはたしかである。日本では斎藤達雄が和製アドルフ・マンジュウで、本人自身、たいへんなダンディだったと伝えられているが、じつはマンジュウに似ているというよりも、この場面に現れるもうひとりの男のほうが斎藤達雄の原型という感じがする。それは金持のデブの老女の若いツバメとしてテーブルのひとつに座っている、やや気の抜けたような伊達男である。斎藤達雄はコミカルな演技がうまかった。それは、彼のタイプがかなりあからさまにマンジュウの模倣である以上、模倣であることの恥ずかしさをうまくカバーするテレかくしとしての喜劇性が独自の芸風になっていったのか、と私は解釈していたが、じつはマンジュウを直接模倣したというよりも、この場面のこの三枚目が直接ヒントになっているのかもしれない。斎藤達雄がなくなる前に、いちどぜひ、インタビューしておくべきであった。とつくづく思う。

話が横にそれたが——さて。

マリーのパリにおける高級娼婦生活の描写がこの映画のひとつの重要な要素である。チャップリンは極貧のなかから身を起し、そのため、貧乏人の心情を描くことに卓越していたということはよく知られているとおりだが、同時に彼は、若くしてスターになり、たいていの青年が質素な生活をおくらなければならない時期にぜいたくを極めた生活ができたことも事実である。そのぜいたくな生活をよく知っている人間としての彼自身の趣味性が、この映画には良く出ていると思う。たとえばマンジュウのピエールは、このクラブで席につくと、まず支配人に案内されて調理場に入り、彼のために特別に用意されていたらしい材料を見せてもらう。その材料は冷蔵庫に入れてある小鳥の死体みたいなものだが、ひどく臭いものらしく、そんなものに馴れているはずのコックたちも、ピエールの目のとどかないところではみんなその材料に鼻をつまんだり顔をしかめたりする。そんな材料をいかにも丁重に特別に見せてもらって得々としているピエールのブルジョア的俗物性をきわだたせているのがこの場面なのだが、じっさいのところはコックたちの立場からピエールを諷刺しているのか、それとも、ややテレかくし的な自嘲をまじえつつも、こういうぜいたくな歓楽そのものの愉しさを描いているのか、即断はできない。

おなじような描写はマリーの生活にも見られる。マリーが自分のぜいたくなアパート（邸宅？）で、女マッサージ師にマッサージさせながら同業の女友達たちとお喋りしている場面がある。画面は中央にその女マッサージ師をとらえ、プロレタリアである彼女がブルジョアの囲い者たちの下らないお喋りをまったくの無表情で聞きながらてきぱきと作業をすすめてゆく様子を見せている。この場面としては端役にすぎず、そのごも全く登場しないこのプロレタリアの目で高級娼婦たちの生活をとらえているところが、まさに、貧乏人の友チャップリンの面目躍如たるところなのである。しかし、かといって、これが諷刺としての鋭いトゲになっているかといえば、必ずしもそうではないと思う。むしろ、ブルジョア的歓楽の描写にとって、その甘味にちょっとした香辛料を利かしたような素適な味つけになっているとさえ、言えるのではなかろうか。チャップリンがこれほどのシリアスな傑作をつくっていながら、以後決してシリアスな作品に手を出そうとはせず、喜劇作家であることに徹したのは、あるいは、そうした自分自身のブルジョア性をこれ以上は見せたくなかった――見せてはいけないと思った――からなのではないかという憶測をしたくなるくらいである。

そのブルジョア的〝甘い生活〟のひとつのハイライトとなっているシーンは、あるアパートの一室での、ブルジョアたちと遊び女たちの乱痴気さわぎである。芸術家たちの多く住んでいる地域で、女たちのある者は画家のモデルででもあろうか。みんなで大さわぎしているなかに、ひとりの男が、体ぜんたいを白い布でぐるぐる巻いた女を運んできて、ロクロの台のようにぐるぐる回る台の上にのせ、その布の端を自分の体に巻きつけておどけながらぐるぐる回ると、その女の体の布が男の体に巻きとられてゆく。さいごに彼女が素っ裸になることを予想して、みんながやいやい囃したてる。チャップリンがこんなに早い時代におそらくは当時としては最先端をゆくエロチックな演出を、これほどスマートにやっていたとは想像もつかないことであった。

この場に来ている遊び女のひとりが、友達のマリーに電話して、面白いから遊びに来ないか、と言う。マリーが場所を聞くと、そのアパートの位置を教え「階段を上って右だか左だか、とにかくすぐ分かるわよ」というような言い方をする。そこで、ちょうど旦那のピエールの結婚話（もちろんマリーとではない）でくさっていたマリーがそこへ訪ねてゆき、「右だか左だか」というあいまいな指示のために別の部屋のドアを叩くと、そこは偶然、父の死後、母といっしょにパリに出てきて貧乏画家の暮しをしているジャンの部屋だったのである。なつかしい、しかし辛い再会。一年の月日は二人の態度を他人行儀なものにしているが、二人とも、秘かに内に燃えあがるものがあり、ジャンの母は愛想よく歓待しつつもその微妙な気分を察して早くもなにか気にしている風情。ジャンがマリーのぜいたくな服装に対して自分の貧しさを気にするあたりに得意のコメディ・タッチをまじえながら、じつはしっとりとロマンチックなムードのただよういい場面である。

偶然の誤解による別れと、また偶然による再会。この偶然がさらにもういちど繰り返される。ジャンはマリーへの思いがつのり、マリーもまた、ジャンがあのとき駅に来られなかったのは父親が死んで止むを得なかったからだと誤解がとけ、恋が再燃する。しかし母親は、ああいう生活をしている女が貧しい家庭の主婦になれるわけがないと思って反対する。母と息子は口論を繰り返し、たまりかねたジャンが、「じゃあ結婚なんかしません」と口走ったとき、ちょうどまた、マリーが訪ねてきたところで、その言葉を聞いてしまい、恋をあきらめてしまうのである。

偶然の繰り返しは通俗メロドラマの常套であり、その偶然さえなければ幸福になれる恋人たちが、その全くの偶然のために不幸になるということが通俗メロドラマをバカバカしいと感じさせる大きな要因である。それも一度ぐらいなら人生にはありがちなこととして許せても、二度でも三度でも繰り返されると、わざと主人公たちを不幸にして泣かせようとしたってその手には乗らないよ、とアクビがでてくるのがふつうになる。しかし、「巴里の女性」は偶然を繰り返しながら決してそれをバカバカしいとは感じさせない。なぜだろうか。第一の別れの偶然の場面のもつ微妙な味わいについてはすでに述べた。第二の再会の偶然は、全くの偶然であって、いかにも話を面白くするための作為が目立っている。しかし、どうせ作為的である以上、いかにも巧みにつくられた作為として観客をニンマリさせるように技巧をこらしているところがさすがである。すわなち、マリーの女友達が、「右だか左だか……」とあいまいなことを言ったために偶然の再会になるというキッカケの意外性。おなじアパートで一室ではブルジョアどもの乱痴気さわぎが行なわれており、一室では貧乏画家のつつましいひっそりとした生活がいとなまれているという対照の妙。そして、乱痴気さわぎのほうへ行くべき虚飾の女が、つつましい親子の部屋にまぎれこんで、一方は虚飾を恥じ、一方は貧しさを恥じるという微妙なひけ目を感じあいつつ再会を喜ぶことの皮肉な味わい。この、複雑で微妙なアイロニーの故に、観客としてはヒーローとヒロインの再会を喜びつつも早くもそこにつぎの展開がどうなるかという不安を感じることになる。このように、第二の偶然はまったく巧みな作為のうえに成り立っているから、偶然に次ぐ偶然でけしからんと感じさせるよりむしろ、偶然によって無駄がはぶけて人生の重要な局面が一気に展開する爽快さすら感じることになるのである。

第三の偶然はどうか。これは、たまたまマリーがジャンの部屋の入口までやってきたときにジャンが母親に「結婚しません」と口走ったところが偶然なのだけれども、母親は二人の結婚はうまくゆくわけがないと危惧していたのだから、遅かれ早かれマリーが直面しなければならない事態である。したがってこれも、描写の無駄をはぶいているようなもので、とくにお涙頂戴のための作為とは言えない。むしろ、偶然のおかげで微妙な心理がとつぜん露呈されるという作為を二度重ねた以上、「二度あることは三度ある」と諺にも言うくらいのもので、巧みに偶然を重ねたほうが全体としてドラマツルギーの形式が整然と一貫し、その語り口に様式美すら感じられることになる。

マリーとジャンの再会以後、二人の心が再び燃えてゆく過程もじつにいい。マリーはジャンに肖像画を依頼する。そしてモデルになるために彼の部屋に通う。マリーは椿姫ばりに盛装してモデル台に立つ。しかしジャンがカンバスに描いているのは、かって田舎で逢びきを重ねていたころの、質素な服装をした彼女である。彼は彼女に、完成するまで画は見ないでくれと言う。しかしある日、彼女はふっとそれを見てしまって、彼の心を知る。昔のマリーにもどってほしいというその心を。画を見られたジャンの、視線をそらしたままの懇願するような顔は、彼の愛情の純粋さを表わしていると同時に、そういうことを言葉で言えずにそんな廻りくどい方法で表現する気の弱さをも表わしている。彼の心を知って急に黙ってしまうマリーの態度も、彼の変らぬ愛を知った嬉しさと、現在の自分の虚飾の生活をそんな遠まわしの表現で非難されたことの恥ずかしさという二律背反する気持を表わしている。だから微妙であり、幸福感と危機感とが同時に感じられる。この作品がいかにもメロドラマのように見えながら、人生の深淵に触れていると感じられるゆえんである。

マリーはこのことがあってから囲い者の生活を恥じ、貧しくても堅気で生きたいと願い、ピエールにさからう。ちゃんとした結婚生活をしたいという彼女に、ピエールは小馬鹿にしたように、あれをごらん、と部屋の窓から街路を見せる。そこには見るからに貧乏人の子だくさんという一家が、名もなく貧しく醜く街路を横切っている様子が見える。あんな生活がいいのかねえ、とせせら笑うピエールの思い上がった成金ぶり。この場面ですぐ連想するのは、後年のキャロル・リードの「第三の男」のウィーンの遊園地の回転ゴンドラの名場面である。高く上るゴンドラの上から眼下の人々を見下しながら、オーソン・ウエルズの演じる悪党が、あんな連中を何人か殺したってかまうものか、みたいなことを言う。あの名場面もやはり、「巴里の女性」の発展だったのかな。

話は前後したが、こうして彼女は堅気にもどろうとしたにもかかわらず、ジャンと母が言い争っている言葉を偶然聞いてしまってまた別れるという前述の経過になる。そして、再びピエールのところへもどったマリーを、こんどはジャンが必死になって追いまわすことになる。

そんなに愛し合っている二人なら、母親の反対ぐらい乗り越えていっしょになったらどうだ、と人生相談なら言うところだが、そこがまた微妙である。マリーには高級とはいえ遊び女に身をおとしたという引け目がある。その引け目の部分を笑って温くつつみ込んでくれるだけの男性的な力強さはジャンには欠けている。求愛も遠回しなら、一時のがれとは言え「結婚なんかしない」と口走りもする。はじめの偶然の別れの場面で彼女が彼の頼りなさを微妙に感じとったように、ここでもまた、彼女は彼の頼りなさを感じとり、そんな男に頼るまいという意志が働く。これは女の意地であろう。彼女は幸福と不幸の別れ道に立ったとき、一貫して、不幸のほうを選ぶ女である。愚かなことかもしれないが、そういう性格の人間は確実に存在する。

マリーにふられたジャンは、必死になってマリーをつけまわす。そしてある日、ついにピストルを持って、彼女がピエールと一緒に行っている例のナイトクラブに行き、彼女を呼び出すためのメモをボーイに渡す。ボーイがそれを彼女に渡すと、すでにジャンの存在を知っているピエールがそのメモを脇から取って、面白半分にジャンをここへ呼ぶようにボーイに言う。ジャンが案内されてくると、ピエールはにやにや笑いながら彼を自分の脇に座らせる。アドルフ・マンジュウ、まことに小面憎い好演である。硬くなってピエールの脇に座り、知らん顔をしているマリーになんとか話しかけようとするジャンは、ピエールの手に自分の渡したメモがあることを見て逆上する。マリーが呼んでくれたとばかり思ったのに、彼女は旦那といっしょに自分を笑いものにするつもりだったのか!?　怒って暴れ出すジャンはたちまち衆人環視の中を用心棒どもにホールの外に連れ出される。そしてホールの外でピストルで自殺する。ホールの中で遊びたわむれていた客たちの驚き。なかでもマリーの、あっと息をのむ顔。彼らはどっとジャンの死体にかけより、マリーは立っていられない。ピエールもさすがに青ざめた風情で、マリーに、死んでいるから見ないほうがいい、と言う。

ジャンを演じるカール・ミラーは、やせた細面の美青年だが、終始暗い表情でかなり神経質な感じを見せる。いかにも悲劇の主人公にふさわしい。なかなかうまい演技であり、叶わぬ恋の辛さ、悲しさがそくそくと身に迫ってくる。

ジャンの死体は警察によって彼のアパートにおくりとどけられる。母親の驚きと悲しみ。見るからにやさしいこの母が、死体といっしょにとどけられたピストルを持って、憎いマリーに復讐しようと家を出て行く。ここらは、ややメロドラマ的な誇張の度が過ぎているかもしれない。行き違いにマリーがかけつけてきて、ジャンの死体にとりすがって泣く。母親は空しくもどってきてそれを見る。そしてマリーが心からジャンの死体にわびているところを見てともに泣き、彼女を許す。ここもまた、偶然ちょうどいいタイミングで母親がもどってきたことになり、メロドラマ的偶然の濫用と言えないこともない。しかし、これまでじつに適確かつ微妙に偶然を活用してきたこの作品においては、もはや偶然はひとつの法則性となって運動をはじめている印象である。

さいごのシークエンス。ジャンの母とマリーは、いっしょに田舎に帰って、二人で孤児院をやっている。無邪気な子どもたちと、甲斐甲斐しく愉しそうにその世話をする彼女たち。まるで実の母と娘のようである。近くの教会の神父さんがやってきて、「ご苦労さま」、みたいなことを言う。マリーが子どもたちと田園に出る。農夫たちが馬にひかせた荷車にいっしょに乗って行きなさいと言う。マリーと子どもたちが気さくにそれに乗り、農夫たちは楽器をかなでたりして、陽気に田舎の牧歌的な気分を愉しみながら行く。そこへ一台のオープン・カーが通りかかる。乗っているのはピエールとその秘書。秘書がひょいと思い出したように、「ここらはあのマリーの出身地だったんじゃありませんか?」というようなことを言う。そして二人で、さあ、あの女はどうしているかなあ、というような、何気ない話をする。その自動車はマリーが荷台に腰かけて子どもたちと愉しく歌っている荷馬車とすれ違うが。お互いに全く気づかず、あっという間に遠ざかっていってしまって、ジ・エンド。

この結末はあまりにも有名であり、この映画が伝説的に語られるとき、必ずこの名場面が引用された。虚栄の世界を代表するピエールと、質朴な生き方を見出したマリーと、両者はもう永遠に出会うことはないであろう。ハッピー・エンドでもなければ悲劇的結末でもなく、すでに違った世界の者となった両者はすれ違っても分からないという皮肉な終り方であるところが、当時、結末といえばハッピー・エンドか悲劇的結末かしかなかった時代において驚くべき新しさであったにちがいない。

いま見ても、これが鮮やかな幕切れであることは間違いない。ただし、さまざま皮肉なエンディングを見なれている今日のわれわれとしては、その皮肉さとか、意表をつく気の利いたアイデアとかで驚くというわけではない。むしろわれわれは、これがいかにも整然たる結末のつけ方であることの、その見事な様式性の故にこそ満足する。だいいちに、偶然の繰り返しで展開してきたこのドラマが、最後もまた、見事な偶然でしめくくられたことに満足する。この映画の全体が、偶然ということをきわめて意図的に活用して作られていることが、さいごにもういちど、はっきり念をおされている感じなのである。これほど念入りに偶然を繰り返し、偶然の面白さをたんのうさせるということはただごとではない。ただなんとなく、ストーリーに波乱を生じさせるための偶然とは違う、と感じるわけである。

では、この偶然の多用はなんだろうか。偶然で人生の岐路が左右されるということは、つまりは運命的であるということである。これは運命にもてあそばれる不幸な女の半生の物語である。もちろん、運命的な悲劇というのは、悲劇の古いタイプであり、ギリシャ悲劇のたとえば「オイディプス王」のように、人間を超える存在の予言に導かれて登場人物が悲痛な運命をたどるというドラマの古典もあるが、近代になるにしたがって、古くさく安易な作劇術として否定されるようになってきたものである。妖婆の予言のとおりに主人公の運命が展開するシェークスピアの「マクベス」でさえ、その妖婆の予言は、超自然のものというより、主人公の心の中にあるものの具体化として、つまりは主人公の性格が運命を導く性格悲劇として理解できる側面を持っている。そして現代では、超自然的な運命などというものは否定され、主人公の内面から悲劇の生じる性格的、心理的な悲劇か、あるいは社会機構の歪みから悲劇の生じる社会問題劇的な悲劇か、さらにはその複合的なものかのどれかになっている。偶然また偶然という、あたかも運命の神の手に人間が操られているかのような作劇法は、もっとも安易なものと考えるのが常識である。チャップリンがこの映画をつくった一九二〇年代ごろには、そういう安易な作劇法は通俗的な小説や演劇や映画にごくふつうに見られた。しかし、それらはやはり、通俗的な手口と判断されていたはずであり、じっさい、ストーリーをことさら波乱に富んだものにするためにバカげた偶然を使っているものが多い。バカげた偶然の使い方とは、妙な言い方になるが、偶然を使う必然性がないのに偶然を使うということである。

「巴里の女性」の卓抜さは、偶然の使い方がきわめて慎重に工夫されていて、それがたんにストーリーに波乱を生じさせるために使われているのではなく、偶然のたびごとにそこに登場人物の生き方の問題がくっきりと露呈してくるような深い意味を持っているということである。つまり、逆説的な言い方になるが、偶然を使う必然性がそこにあるということである。じっさい、人生には偶然によって岐路を左右されることは多い。ただ人間は、偶然に左右されながらもそこで自分流の生き方を選択するのであり、そこにその人間の性格や意志が表れる。「巴里の女性」のマリーで言えば、彼女は偶然で運命の岐路に立たされたとき、つねに微妙に困難な生き方のほうを選ぶ。そこに一貫した心理的・性格的な特色が表れて、運命的であると同時に意志的なものをくっきりと表面にうち出すことになるのである。

そう、ファースト・シーンの窓際に見えたマリーの顔の、あの暗い悲運に耐えるような表情こそ、全体のキー・ノートであったのである。そしてさいごに、ピエールとすれ違いながら気づかず、孤児の世話をして明るい表情をしているというのは、困難な生き方のなかでこそはじめてかえって安らかになれるという、ひとつの性格を鮮かに示している。それは、悲劇的性格とでも名づけたらいいものだろうか。ふつう、人間が、ひたすら幸福をのみ求めるものとされるのとは逆の志向であるが、人間性の一面に確実に存在するものである。

チャップリンがこういう性格の人間を鮮かに創造したということはとくに興味ぶかい。よく知られているようにチャップリンは極貧の中に生れ育って栄華をきわめる金と名声を手に入れた人であった。人並み外れた向上心と、努力の人だったにちがいないし、名誉欲も虚栄心もケタ外れだったにちがいない。しかしながら、彼のつくる映画はつねに、永遠の貧乏人で永遠の浮浪者であるあの〝チャーリー〟のキャラクターを軸にして展開されていた。永遠の貧乏人、永遠の浮浪者を演じることによってケタ外れの金とケタ外れの名声を得るというのはなんという矛盾だろう。その矛盾をもっとも痛切に感じていたのはチャップリン自身であったにちがいない。偉大な微笑の人でありながら、彼ほど気難しい人も少なかった。その気難しさは、先天的な性格かもしれないし、天才にありがちなわがままさからくる苛だちでもあったかもしれないが、私としては、以上のような矛盾を自分でよく理解している人であったからだというふうに解釈してみたい。彼は、自分が金持になり、自分の部下たちに対する独裁者になり、また金と名声にものを言わせて恋人をとっ替えひき換えするドン・ファンにさえもなってゆくにつれて、そういう自分が果たしていつまであの永遠の浮浪者〝チャーリー〟を演じられるか、と恐怖にかられることはなかったであろうか。そう、「巴里の女性」においてアドルフ・マンジュウに見事に演じさせた俗物ピエール・ルヴェルこそは、チャップリンのもうひとつの自画像だったのではあるまいか。自分が金と名声におぼれてうかうかしていればきっとそうなるにちがいない、自分自身の予想され得る最悪の姿だったのではあるまいか。チャップリンは、ああなってはならないという自戒の念をこめてこの人間を描いたにちがいない。そして、この人物に囲われながら、その甘い生活に未練を感じながら、それにはっきりと別れを告げて、より困難な生活に入ってゆくマリーを、自分のあるべき本当の姿として描きたかったのではあるまいか。マリーとピエール、この二人の人物の強烈なリアリティはそこから生れている。マリーの悲劇的性格は、ピエールの享楽的で精神性の欠けた性格を補償するものであり、一般によくある金持になって堕落したいという希望の裏側に秘かに流れているものである。

いずれにせよ、マリーとピエールの性格の鮮かさに較べれば、ジャンの性格は弱い。彼にはピエールのように俗物になりきる厚かましさや生活力もなければ、マリーのように娼婦になっても孤児院の保母のような労働をしても生きてゆくという逞ましさもない。ジャンは純情で純粋な芸術家であり、それなりに愛すべきハンサムな好青年にはちがいないが、所詮は、マリーやピエールのような逞ましい生活力の持主ではない。貧困からのし上がった生活力の塊りのようなチャップリンにとって、もっとも縁遠いタイプの一種であろう。チャップリンは天才的な芸術家であるが、もし彼がジャンのように純情で純粋であったならば、彼の天才は開花しなかったであろう。だからこそ、ジャンは、チャップリンの作品の中で自殺しなければならなかったのであろう。チャップリンにとって、芸術とは、純情で純粋であれば成就するような、そんな甘い仕事ではなかったのである。とはいえ、チャップリンは、見事に否定してみせたこのジャンに対しても、やさしく深い涙はそそいでいる。それは、それがメロドラマの約束事だからであり、そうでなければ観客大衆が納得しないからでもあるが、あるいはジャンのようなタイプこそは、映画のような強力な資本によってつくられる新たな大衆芸術によって踏み潰されてゆく過去の近代個人主義的芸術家の典型であるからかもしれない。踏み潰してゆく側から踏み潰される側に対してそそがれる涙といえば傲慢とも言えるが、ほんとうは芸術家はジャンのように純情で純粋であるべきなのだという考え方はチャップリン自身にもあるにちがいないのである。チャップリンはのちに、純情で純粋なまま老いてしまった老芸人の悲哀を「ライムライト」で自作自演している。しかし、チャップリンが現に生きている新たな資本主義的産業としての映画は、そんな人物の生きてゆける甘い世界でなかったことはたしかである。

グッド・バッドマンたちの正義と愛

二〇一〇年に東京京橋の東京国立近代美術館フィルムセンターが開館四十周年記念と銘うって「フィルム・コレクションに見るNFCの40年」と題した上映会をやった。

なかに一九一六年のアメリカ映画「ヘルズ・ヒンジス」があり、これは私が前からぜひ見たいと思っていた作品のひとつである。なぜならこれはウィリアム・S・ハートの監督主演の西部劇だからである。S・ハートはサイレント時代の西部劇の最大のスターであり、大正時代の日本で彼の作品が十本ほど公開されている。私の考えでは劇作家の長谷川伸はそれらの作品のファンだった筈であり、その影響があって日本の大衆演劇に股旅ものというジャンルをつくり出したのである。今日なお続く任侠映画、やくざ映画が長谷川伸の「沓掛時次郎」にはじまる股旅ものを源流とするとすれば、S・ハートの西部劇が日本の大衆文化にもたらしたものはまことに大きいと言わなければならない。このフィルムはニューヨーク近代美術館のコレクションから入手したものだというが、ということはアメリカでも古典として評価されているものだと言えるわけだ。

六十六分の作品だが、フィルムセンターでは無声映画は、オリジナルの一秒間の回転コマ数をいちいち確認してその速度で上映してくれるので本来のテンポのかもし出すムードできちんと鑑賞できる。これはちょっと他の上映施設では真似できないことである。

こんな内容である。都会でキリスト教の説教師の修行をしている青年がいる。ちょっと調子の良すぎるところがあって、教会では彼をもっと鍛えるために西部の田舎に派遣することになる。頼りない彼を心配して彼の妹が一緒について行く。行く先は荒野に十軒ばかり家が建っているだけの町。しかしどこから集まってくるのか場面はしばしば群衆でいっぱいになる。この町がヘルズ・ヒンジス（地獄の辻）である。無法者たちのひしめく、まことに素朴で荒っぽい歓楽の巷である。都会からやってきたへなちょこの青年が辻説法をはじめてもひどいめにあうだけ。殴られたり、娼婦たちによって堕落させられたり。妹がけんめいに彼を助ける。その健気な姿に心を打たれたのが町のならず者の親玉格のひとりのS・ハート。彼は青年をいじめる連中を二挺拳銃で追い払い、青年を助けて教会を作らせる。善良な人々が集まって大喜びする。ならず者たちはこんどは教会を襲撃して焼き払う。S・ハートが奮闘してならず者たちを一掃するが、青年も死んでしまう。S・ハートは青年の妹を助けて町を去る。

この作品は無声時代の西部劇の最高のスターだったウィリアム・S・ハートの作品のありかたをいちばん単純化して示している。彼のこのあとの作品はこれを少しずつ複雑にしてふくらませていったものと言っていい。

まず、どの作品でもだいたいそうであるようにS・ハートの演じる西部男はグッド・バッドマンである。つまり初めはならず者として登場するが、途中で善人になる。そのきっかけは心の美しい女性に出会うことである。美しい女性に出会ってハッとして、とたんに彼は心を入れ替える。そして善良な彼女を迫害するような男たち全部を敵にして二挺拳銃で戦うことになる。しかしもともとがならず者である彼は、容易に彼女とは結ばれず、孤独なさすらいの旅をつづけなければならない。彼女への憧れはプラトニックな輝きを持つようになっていく。

もともとはならず者であるやくざが、ときにはなぜか善人になって、本当に悪い連中と戦うことになる、という物語のパターンは日本にもあった。国定忠治や清水次郎長などのやくざの物語はだいたいがそういう構造になっている。ただ、昭和の初めに長谷川伸のいわゆる股旅ものがブームを起こすまで、心の美しい女性を助けようとする気持がその精神的な転機になるという発想は日本のやくざ物語にはなかった。長谷川伸の「沓掛時次郎」がそれをつくり出したのである。それには長谷川伸自身の個人的な経験が影響していることが分かっているが、物語のパターンとしてはウィリアム・S・ハートの一連の西部劇をそっくり下敷きにしていると考えていい。

じつはS・ハートのその女性崇拝も、物語のパターンとして中世の西ヨーロッパの大衆的な物語のいちばん基本的な型としての騎士道物語の貴婦人崇拝をふまえたものである。こうして昭和初期にはじまる日本映画の股旅ものは、一九一〇年代のハリウッドの西部劇を経由して遠くヨーロッパ中世の騎士道物語に通じているのである。

そんなことがなぜ重要かといえば、歌舞伎や講談などに描かれた日本のやくざには、やくざのヒーローが「弱きを助け強きを挫く」という中国の武侠物語系のモラルで正義の立場に立つということはあっても、無垢な女性のきれいな心に打たれて正義の士になるということはないからである。長谷川伸が大正末期から書きはじめて昭和初期の映画化でブームになった股旅ものは、そこに女性崇拝と恋愛の要素を持ち込み、無垢な純真な女の期待を裏切りたくないという思いで、恥を知るヒーローが恥知らずのやくざどもと戦うことになる。この女が正義の源泉であるというところが日本の大衆文化の近代化のひとつの重要な飛躍点になっている。そう考えると、西洋の大衆文化のひとつの重要な源泉である騎士道物語の核心をなしている女性崇拝の思想が、その通俗的近代化であるウィリアム・S・ハートの西部劇を通じて日本に入ってきたことは思想史的に重大なのである。

映画としての「ヘルズ・ヒンジス」は、いかにもまだ、映画がドラマとしての形をとりはじめたにすぎない時期の作品らしく、まことに素朴であり単純なものであるが、それでも一貫した情感はととのえられていて、とくにS・ハートが都会から来た若い純真な女性にまじめな敬意を感じるあたりがいい。素朴ではあるが馬鹿馬鹿しくはない。今回上映されたプリントは当時広く行われていた染色という方法を再現して、部分的ではあるが火事の場面は赤く、夕闇はブルーというふうにしている。素朴なカラー化だが、これがけっこう効果的で、当時の観客は相当に感情をゆさぶられただろうと想像できる。

ウィリアム・S・ハートは舞台ではシェークスピア劇をよくやっていた俳優で、たいへんまじめな人だったらしい。

代表作のひとつの「人生の関所」(一九二〇)はこんなストーリーである。

S・ハートが演じるディアリングという無法者が、改心して正業につこうと思っているが、手下どもの要望で、これが最後の悪事だと列車強盗に出かけて行く。ところが手下のひとりの密告でその列車には兵隊たちが乗り込んでいて彼は逮捕される。ただ、その兵隊たちはディアリングが以前、先住民の襲撃から救ってやったことのある連中だった。だから彼は逃がしてもらう。そして裏切者を追う。たまたま彼は沼で溺れていた子どもを助けてその母親から感謝され、彼女の家に泊めてもらう。この母親がじつは裏切者の捨てられた妻だと分かる。ディアリングはこの女を犯して裏切者への復讐としようとするのだが、彼女がまじめな貞節な女性であることを思い知らされ、感動して心を入れ替える。そして保安官に自首するのである。

ところが保安官から、裏切者の居場所を教えられる。彼は保安官に頼んでそいつのところに行き、決闘してそいつを倒し、自分は保安官に約束したようにメキシコの国境の向こうに去る。

まじめな女に出会って感動することで荒くれ男が真人間になり、本当の悪党を決闘で倒す。この原則はきっちり守られており、いま見てもけっこう面白い。荒くれ男ではあるし悪いこともやるが、根はいい奴で、まじめな女には絶対に敬意をはらう。そこに彼が根はいい奴である証拠があるのだ。
S・ハートは西部劇専門だったが、西部劇のバリエーションとしてのアラスカ開拓ものもやった。「鬼火ロウドン」（一九一八）はそのアラスカもののひとつである。

彼が演じるのは鬼火ロウドンという仇名で呼ばれるアラスカの木こりの親分である。山林での長期の労働から里に下りてきた彼は、子分たちと一緒に酒場にやってきて大いに飲んでいる。酒場の主人は彼を殺して金をまきあげようとたくらみ、彼のピストルから弾丸を抜きとったうえで彼を決闘に誘い込む。ロウドンはそれでも巧みに豪快に戦って、この悪党を倒す。するとこの悪党、息も絶え絶えに彼に遺言を残す。

「じつは明日、俺の母親がここに俺を訪ねてくる。そうしたら、俺がこんな悪党だったことだけは言わないでくれないか」と。

ロウドンは彼の言葉に「分かった」と言い、早速、子分たちに言ってこの酒場を小ぎれいなホテルらしくし、死んだそいつの墓も作って、翌日訪ねてきたそいつの母親を丁寧に迎える。そして、その母親には、あなたの息子はいい人間でしたと言う。母親は悲しむ。そしてこのまじめなお母さんのしばらくお相手をしているうちに、ロウドン自身がすっかり良い人間に変わってしまうのである。

この映画を見て、なにか、そんな話、見たことがあるぞ、と思わないだろうか。そう、一九二九年に第一作が公開されて以来、題名は変えても十回以上はリメークされたと思われる長谷川伸の

「沓掛時次郎」である。

　信州は沓掛の出身の時次郎というやくざは、兇状持ちかなにかで、追手を逃れて旅をしている。行く先々の宿はその土地のバクチ打ちの親分の家ときまっている。親分の家の前で自分の出身と親分の名を言えば、泊めてくれるものときまっている。これが一宿一飯の義理で、義務としては、もしその晩、その一家がどこかの組に殴り込みをかけるといった事件があった場合には、いきさつがどうあろうとその泊めてもらった組に助太刀をしなければならないということ。

　たまたまその夜も、この組は長年縄張り争いなどをつづけてきた近くの組が、もう一人しか残っていないので、そのひとりを殺しに行くことになって出掛ける。ところがその残った一人の六ツ田の三蔵というのが強い奴で、彼を殺しに行った一家の連中を片っ端から斬り倒す。仕方がないから傍観していた時次郎が正面に出て行って戦うことになる。

　このとき時次郎は、「俺とあんたは何の恨みもない間柄だが、こうして命のやりとりをしなければならないことになった。どっちが勝っても恨みっこなしにしようぜ」と言う。

　すると三蔵は、「分かっている、ただひとつお前さんに頼みがある。俺が死んだら、残された女房と子どもを守ってやってほしい」と言う。時次郎は「分かった」と答える。

　こうして決闘になり、時次郎が勝つが、三蔵がいまわのきわに言い残した言葉どおり、三蔵を襲撃した連中は三蔵の妻子まで殺しかねないワルどもなので、時次郎は三蔵の妻のおきぬとその子を守って逃げる。そしてつくづくやくざ稼業の冷酷さが嫌になり、勝手にやくざの足を洗って三蔵の妻子を守りながら、新内の流しで稼いで旅をつづける。と、こういう話になる。

おきぬはやくざの女房だったがまじめな女性である。時次郎は彼女を守る旅をつづけながら次第に彼女に恋をするようになる。しかし、自分が殺した男の妻に愛の告白などできるものではないし、してはいけないだろう。そういう倫理観で彼は悩むのである。悩みながら彼は、病んで治療費も必要な彼女のために、やくざの喧嘩の助太刀で稼いだりして、悩みつづけるのである。

この長谷川伸の戯曲「沓掛時次郎」は、一九二〇年に書かれ、まず舞台劇として評判になり、その九年後の映画化がヒットして時代劇の中に股旅ものという分野を新しく生み出すことになる。評判になったので、モデルはいないのかという詮索もひとしきり行われ、長谷川伸が若い頃、父親の土木事業を手伝っていて、そこで知った流れ者の男女の労働者が、一見夫婦者らしいのにじつはそうではなく、事情を聞くと、それだけは言えないとことわられた、などというエピソードが浮かんできて、これこそが時次郎とおきぬのモデルだろう、と言われている。これも確かに興味深い話だと思うが、私は長谷川伸がアメリカのアラスカ劇の「鬼火ロウドン」を見ていて、自分が殺した男から遺言を頼まれたというストーリーの核心の部分をそこから得たに違いないと思っている。長谷川伸が大正時代頃にアメリカ映画をよく見て、ときにそこからアイデアを得ることもあったことは本人自身が認めているし、一九二〇年代、三〇年代頃には小津安二郎や山中貞雄のような大監督たちもアメリカ映画から相当露骨ないわゆるいただきをやっていたものである。世界的に見てもこれは、世界の文化が相互に融和し合ってゆくうえで大きな意味を持ったことで、単純に模倣とか著作権とかいうことだけで片づけてしまえない興味深い問題であると思う。

で、「沓掛時次郎」は「鬼火ロウドン」からアイデアをいただいているとして、それは主として、やくざな男が自分が殺した男の母の人柄を知ることで善人になるというところにかかっている。やくざではあっても正直者なのである。それでロウドンは自分が殺した男が意外と母想いであったことを良しとして、訪ねてきた彼の母親を丁重に迎え、子分たちにも命令して、死んだ男が堅気の旅館の経営者として尊敬されていたという嘘をでっちあげてそれらしく見せかける。

ロウドンは毎日、この男の母の老婦人を案内しているうちに、この老婦人の人柄の良さに敬意を抱くようになる。子分たちはびっくりして、いつまでこんな嘘の芝居をしなければならないんだ、とやきもきする。

ところは西部ではなくアラスカであっても、堅気のまじめな婦人に接して荒くれ男が真人間に立ち返るという原則はここで明確になる。やはりウィリアム・S・ハートの得意とするグッド・バッドマンものなのである。開拓期のアメリカの西部やアラスカでは、荒くれ男たちはたくさんいたが、女性の数は少なかったということで、とかく女性が尊重された。先住民の襲撃などから女子どもを守るのが男の役目であったし、そういう男が恰好よく賛美されるという傾向があった。そこで映画でも、堅気の女を守って戦うカウボーイというような物語に人気がある。こうして用いられたのは中世のヨーロッパで大衆的な娯楽ストーリーとして人気があった騎士道物語系の物語パターンである。十二世紀頃から十六世紀頃まで、ヨーロッパ一円で大衆的な通俗読物の主流をなしていたのは、騎士が諸国を旅して一騎討ちなどで武勲をあげるという、数多く書かれた騎士道物語である。騎士道はよく日本の武士道と似たようなものだと言われる。武勇を尊び卑怯を憎み、王への忠節で手柄を立てる、などの点では騎士道も武士道も似たようなものだと言っていい。しかし決定的に違うところもある。まずは騎士たる者、必ず心の中で崇拝する高貴な女性がいなければならない。騎士は貧しくとも一種の貴族であるから、その崇拝する女性は気高い存在でなければならず、しばしば王妃であったりする。そのばあい、みだりに公言は出来ないから、心の中だけでの恋、すなわちプラトニック・ラブということになる。騎士が誇りとする武勲も、王様に報告して立身出世するためというより、その噂が密かに恋する貴婦人に伝わるということの期待のほうが重大である。しかしときにはその秘密の恋がもれて貴婦人の夫の王様などに伝わったらどうしたらいいか。まずは自分たちは潔白ですと主張するが、それで納得してもらえなければ王様とだって対決を辞さない。これは武士道との決定的な違いである。武士道では主君への忠義は絶対のものである。だから武士道物語の最高のものとされる「忠臣蔵」にはこんな話も含まれる。お軽という腰元とのランデブーで主君の松の廊下での失敗の現場に居合わせることが出来なかった小姓の早野勘平は、のちに惚れて女房となったお軽を女郎に売った金を四十七士に寄付して、せめても忠義をつくそうとする。忠義は至上の義務、恋愛はその義務を忘れさせた悪しき誘惑の最たるものである。そこでもし、主君への忠義が絶対で恋などその邪魔にすぎないという考え方が封建思想の根幹であるとすると、主君への忠節よりも恋が大事という騎士道物語の基本原則は、西洋の封建思想の中にすでに含まれていた民主主義的思想の芽のようなものだと言いたい。

「忠臣蔵」のお軽勘平の物語は恋愛を扱っている。ただこれには女性尊重の要素は全くない。「鬼火ロウドン」は恋愛ものではない。しかしこれには女性の尊重がある。ロウドンは荒くれ男の乱暴者だが、女性、とくにレディの前ではおとなしくなり、立派な礼儀正しい男であろうとする。この作品のばあいは彼には女性崇拝のおもむきがはっきりある。その点でこれは、まじめな女性に出会うことで荒くれ男が心を入れ替えて真人間になるという西部劇の原型になる。

こうして「沓掛時次郎」は、「鬼火ロウドン」からグッド・バッドマンものとしての骨格を受け継いでいるが、それだけではすまない。この作品は、ヒーローの沓掛時次郎をこのおきぬという女に惚れさせることによって、この物語をさらにぐっとプラトニック・ラブのほうに近寄せている。自分が殺した男の残した女房に恋などしていいのか、というモラルの問題が加わることによって時次郎はいっそう精神性を高め、騎士道物語に近づくことになる。プラトニックになるのである。

そもそも西部劇には西洋中世の騎士道物語に通じるものがあったと言えるだろう。一騎打ちの決闘であり、女を守るというモラルがある。中世から近世に移るとさすがにヨーロッパでは騎士道物語は古くさくなってすたれたが、ヨーロッパの貧乏人たちが移民として渡って行ったアメリカの西部では、現実に武力抗争が多かったせいもあって騎士道物語の焼き直しのような西部小説が受けた。その西部小説を映画にしたのが西部劇である。原作を書いた作家たちはニューヨークあたりに住んでいて、西部の実際など知りはしなかっただろうし、騎士道物語の定型である一騎打ちや貴婦人崇拝物語を開拓地の様子にあてはめれば容易に西部小説は想像でも書けただろう。

長谷川伸は「沓掛時次郎」を書いたとき、「鬼火ロウドン」の貴婦人崇拝に、さらにその、騎士道物語にあったプラトニック・ラブの要素まで取り込んだのではないか。べつに彼が騎士道物語と西部小説と西部劇映画の関連などということは知らなくても、自分が殺した男の妻への恋という悲劇的なアイデアさえあればこれは容易に結びつくだろう。

こうして歌舞伎では愛する妻を女郎に売ってまで主君への忠義をつくさなければならなかったはずの日本男子が、西部劇のグッド・バッドマンものの影響下に入ることによって自分が不幸に導いた女への罪の意識に悩むという近代的な精神を身につけるに至るのである。歌舞伎と講談の時代には、女のために苦悩する日本男子は描かれなかったと私は思うのだがどうだろう。私は歌舞伎や講談に通じているわけではないので、ちょっと言いすぎかもしれないとは思うのだが、まずはともあれ、近代的な精神というのは新劇や純文学といった高級な文化からだけ日本に入ってきたわけではない。

長谷川伸は若い頃、仲間と組んで遊廓から遊女たちを脱走させて自由にしてやるということをやったことがある。公認の遊廓があった時代でも、明治になると人身売買は法律上は禁止されていて、遊女は自分から警察に申し出て自由をかちとることが可能だった。ただ実際上は遊廓側は暴力団を抱えていて女たちの外出を厳しく監視していたし、警察もそれを保証するような動き方をしたから、本気で脱出させようと思ったら暴力団と格闘になることを覚悟しなければならない。長谷川伸とその仲間たちはそれをやったらしい。それは正義の行動であるが、まあ、ある程度、喧嘩ぐらいは面白がってやる気風を持たないとやれないことだっただろう。しかし彼は自伝で、何人か彼女たちを脱走させることには成功したけれども、結局その女たちを仕合わせにすることはできなかったと書いている。彼女たちを仕合わせにするのには、彼女たちひとりひとりに本気で一緒に暮らす男がついていなければならず、そこまでの愛情にもとづく行動ではなかったからだと述べている。つまり本当に彼女たちを愛し、仕合わせにしてあげたいという行動ではなく、まあ若気の武勇伝的な行動だったからだということであろう。どうやら長谷川伸自身に、グッド・バッドマン的な面があり、若気の至りで女たちにはすまないことをしたというふうにも述べている。だからこそ長谷川伸は、不幸な女たちに深く同情できると同時に、彼女たちの本当の良い味方ではあり得なかった自分を責めてもいる。その、良い男であろうという正義感はあっても、それでかえって女たちの不幸を増すこともあるという認識が、「沓掛時次郎」でのおきぬへの罪の意識を構想する手掛かりになったかもしれない。

西洋の中世の騎士道物語をいろどる貴婦人崇拝は、近代のアメリカの西部劇映画に受け継がれたときには開拓者精神のひとつの根幹としての女を守るという気風になり、それがさらに日本の股旅ものややくざ映画に受け継がれて、男のヒロイズムのおちいりやすい男性優越思想へのいましめとなり得たのか。

「沓掛時次郎」をはじめとする長谷川伸の一連のいわゆる股旅ものは昭和初期に爆発的なヒット

をまきおこし、その流れは今日にまで続いている。それ以前にもやくざ映画はあったが、だいたいは国定忠治や清水次郎長などの親分衆の講談種の内容である。兇状持ちがひとり淋しく街道を行くというのは、正にこの、アメリカの西部劇のグッド・バッドマンものからヒントを得てはじまったもののようだ。股旅という言葉自体、長谷川伸が作ったものである。

しかし長谷川伸ひとりではこの大きなブームは支えきれない。彼につづいて股旅もの映画に多くの原作の小説を提供したのは子母澤寛である。その初期のヒット作で名作とされている映画に、一九三二年の千恵蔵プロ＝日活の「弥太郎笠」がある。滝沢一はこう書いている。

直参旗本くずれのやくざ、りゃんこの弥太郎が、信州松井田宿の貸元の娘お雪を助け、その父を殺した悪親分お神楽の大八に復讐する。

「お雪泣きながら、そして秋はゆく。」

ひとり井戸端で水を汲むお雪、そのはねつるべも動かず、はらはらと肩に粉雪が舞う。そんな字幕と画面との掛け合わせによる感傷。前後編一六巻の大作をいささかも飽かせない、稲垣浩の律動感のある語り口、片岡千恵蔵の弥太郎の発らつさと山田五十鈴のお雪の可れんさ。これは無声映画時代の、この種娯楽映画の一つの頂点を示すものであった。

（「キネマ旬報」増刊「日本映画作品全集」一九七三年十一月二十日発行）

これは言うなればヒーローが乙女のために戦うというやくざ映画である。その点でやはり、アメリカの西部劇の影響を受けていると言っていいであろう。すでに述べてきたように、西部劇では男たちは基本的にはまず、女を守るために戦うのである。しかし日本の時代劇ではどうか。侍たちは主君のために戦う。あるいは一所懸命と言って自分に与えられた土地を守るためにこそ戦う。女のために戦うというストーリーは探せばあるかもしれないが、ちょっと思い出せない。

今井正監督の「夜の鼓」（一九五八）という作品は歌舞伎の「堀川波の鼓」の映画化で、参勤交代で夫が江戸に行っている留守中に姦通した妻とその相手を、夫が殺すという一種の仇討ものである。しかし本来、女は敵討ちの対象にはならないのにそれを討った。これは女敵討《めがたきうち》という、珍しく恥ずべき敵討ちとして知られた題材である。これでは女は守る価値もないみたい。

昭和初期、長谷川伸と子母澤寛が登場して股旅ものの映画の流行が生じたとき、当時の批評家たちの間では股旅ものの評判は概して悪かった。先に引用した「弥太郎笠」についての滝沢一の文章でも分かるように、映画的にはずいぶんいい作品もあったようであるのに、股旅ものの流行で日本映画の質が下がったかのような論調が見られるのである。これはやはり、やくざをヒーローと見なすことについてのモラル的な反発があったからかもしれない。一九六〇年代に流行した東映任俠映画にも同じことが言える。

ただ、昭和初期のやくざ映画の流行に関しては、そこではじめて、女性に男として罪の意識を感じて悩むヒーローが現れるようになったこと、また女のためにこそ戦う男たちがヒーローとして現れたようであること、などなどは注目に価するのではないか。どちらも日本の伝統的な芸能の流れのなかから現れたというよりは、グッド・バッドマンのようなアメリカ映画の影響があって出てきたことが重要であると思う。これらは日本の文化伝統の中からはなかなか出てこない種類のテーマやモチーフではなかったか。しかもこうして流行すると、それらはまるで古くから日本にもあった物語のように思われる。

伝統に深く根ざした文化は容易に変化しない。能や歌舞伎がそうであるように。そこでは芸の隅々にまで権威が確立されていて、それをこわしたり乗り越えたりするのは容易なことではないが、映画のような芸術の新参者は平気で外国の新しい流行などを取り込み、もともとは自国にはなかったものをまるで以前からあったもののように取り入れてしまう。そして文化の国際的な融合を何気なくやってしまうのである。

村田実の「清作の妻」を偲ぶ

一九六五年に増村保造監督が作った映画「清作の妻」は、一九二四年の村田実監督の名作のリメークである。日本映画は大正時代の末期頃から芸術性に目覚め、いくつかの記念すべき傑作を生んで、やがて昭和のはじめに巨匠、名匠の輩出する黄金時代を迎えるのだが、残念ながら当時の作品の殆どはフィルムが失われてしまっている。なかでも一九二四年の吉田絃二郎原作、村田実脚本監督、浦辺粂子主演の「清作の妻」は、当時の日本の田舎の因習的な気分を批判的に描き、反戦思想も内にちらつかせながら素朴な若い男女の愛を一途に描きあげた傑作として日本映画の芸術派、社会派の出発点とも考えられる作品なのに、フィルムは残っていない。これを四十一年後に、増村保造監督が再映画化したのである。基本的には元の作品のとおりだが、元の作品では前面に押し出すことが困難だったと思われる反戦のテーマと、また差別をはね返す女の自己主張を前面に押し出しているのがリメーク作品の特色である。

田村高廣の演じる清作は村の模範青年であり、将来は村の指導者になるだろうと期待されている。青年団の指導者として村の若者みんなに温かい目を向けて気を配っている彼は、妾奉公帰りのみだらな女として差別されている女性（若尾文子）にも親切にして、それで愛し合うようになって彼女を妻とする。村人たちは清作が彼女に堕落させられたと失望する。清作が日露戦争に出征すると妻は村で孤立し、淋しくてたまらない。清作はいったん負傷して帰ってくるが治ったらまた戦場にいかなければならない。戦場に帰したくない一心で彼女は清作の両眼を釘で刺す。彼女は刑務所に行き、刑を終えて帰る。清作は妻を許すが、村の人たちの目は厳しい。元の作品では二人は川に身を投げて死ぬという哀話になるが、このリメーク作品では清作の妻は村の人々の視線をはね返すように夫を連れて畑に行き、夫を畑のそばで休ませておいて自分は堂々と畑仕事をするというところで終わりになる。

原作者の吉田絃二郎は軍人出身でありながら反軍小説を書いた珍しい作家だが、大衆作家に分類されていたために純文学本位に書かれる文学史からは黙殺されている。しかし大正時代に多少感傷的でも反軍小説の作家がいたということは無視してはいけない貴重なことではなかろうか。

城戸四郎と松竹蒲田、大船撮影所

城戸四郎は大正八年に東大英法科を卒業して、松竹の大谷社長の女婿として松竹に入社した。当時、日本の映画界には、東大出はたぶんまだ一人もいなかったはずである。監督で東大出の最初は牛原虚彦であるが、彼が映画界に入ったのは翌大正九年で、このときには、東大まで出て映画界ごとき下賤な世界に入ってよいものかということで家族や郷里で問題になり、郷里熊本の旧藩主で熊本出身の学生を援助していた細川家の主人の許可をあおぎ、一人くらい変り者がいてもよいということでやっと松竹に入って小山内薫門下として映画を学ぶことになったと、私はご本人から聞いた。

城戸四郎が松竹に入った大正八年には、日本映画史に特筆すべき事件がひとつ起っている。日本映画にはじめて女優の出演で知識層の映画ファンに注目された作品が現われたことである。新劇女優花柳はるみの主演で帰山教正が監督した、映画芸術協会作品「生の輝き」と「深山の乙女」の二本である。帰山教正は東京の蔵前にあった東京高等工業学校（現東京工業大学）出身の、当時の映画界ではやはり珍しいインテリで、ハリウッドの映画技術関係の文献の翻訳紹介などをやっていた人だった。

当時は映画ファンは、日本映画しか見ない庶民大衆と、外国映画を見るインテリとにはっきり二分されていた。インテリと言っても当時は中学生以上ならインテリの部類である。日本映画はまだ、歌舞伎や新派の舞台のひきうつしのようなものしかなかったし、これを作る人たちは芝居の世界からやってきた人たちが中心だったから、舞台の約束ごとがそのまま映画に持ち込まれて、女の役には時代劇（旧劇と呼ばれた）も現代劇もともに女形を多く使っていた。

外国映画を好むインテリのファンたちは日本映画を軽蔑していたが、それは、内容の古くささや技術的な幼稚さもさることながら、ひとつには日本の現代劇映画にはしばしばあまり本当の女優が出ていないということもあった。クローズアップもある映画では、女形は下手をするとノドボトケまで写ってしまう。これがニキビ盛りの中学生たちなどにはなんとも不潔に見えたであろうことは想像に難くない。外国映画はそうではなかった。映画の草創期である一九一〇年代に、フランスでは劇界に君臨する大女優であったサラ・ベルナールが主演映画を撮っているし、イタリアでは古代スペクタクルものが盛んにつくられ、クレオパトラその他のヒロインを有名な女優が堂々と演じていた。アメリカはまだヨーロッパほど文化の土壌がなかったから、大女優の大悲劇というわけにはゆかなかったが、そのかわり、ふつうの素人のような娘さんが自然の風景のなかでのびのびとふるまうところを撮って、舞台劇とは違う映画の独自の魅力を見せていた。そして純情な田園の乙女といった役を得意としたメアリー・ピックフォードがアメリカの恋人と呼ばれ、これによってはじめてスター・システムが確立された。

帰山教正は昭和になってから「映画の性的魅惑」というまじめな研究書を書いているが、そのなかには数ページではあるが禁制のブルー・フィルムについての研究的な記述もある。エロチシズムというものをまじめに考えた先覚者のひとりと言っていいであろう。そういう人物によって、日本映画に最初の女優が導入されたと言われて評判になったのであるが、実際にはすでにたくさんの女優が映画には出ていた。ただ帰山教正のこの二作品はともに、ハリウッド映画の焼き直しとも言えるバタくさいものであった。いかにも模倣らしい作品だったらしく、当時これを期待して公開を待ち望んでいたインテリのファンたちはがっかりしてしまったようである。しかし、女優待望の気運はインテリのファン層だけでなく一般にも盛り上がっていたので、帰山教正の二作は一種の実験映画のような扱いで大衆的な反響は呼ばなかったにもかかわらず、映画界はこれをきっかけにして急速に女優採用の方向に動き、以後ほんの数年間で女形は女優によって駆逐されてしまうのである。

帰山教正の作品がハリウッド的なバタくさいものであったということは、言い換えれば、女優待望の気運のなかには、アメリカ映画的なフェミニズムを日本に導入したいという気分も大いに含まれていたということであった。女形の演技というものは、従来の歌舞伎や新派の内容に規制されていて、どうしても封建社会の女性の枠を出ることができない。おいらんや商家の娘、殿様の奥方や金持の妾、芸者など、身分意識に強くしばられた女を演じる伝統は豊富にあるが、身分意識から解放されたはつらつとした自然な女を演じる伝統はないし、もともと男が女を演じるという倒錯の上に成り立っている以上、それは本質的に、自然な演技ではあり得ないわけだ。

当時のインテリの映画ファンは、女形の誇張された色気より、外国映画に見るような自然な女の色気を日本映画にも導入したいと願ったわけだが、そのために女優を起用するということは、外国映画を模倣するということに容易につながったし、外国映画を模倣するということは、外国映画における女性の扱い方を模倣するということになった。

外国映画における女性の扱い方を模倣することが日本映画にどういう影響を与えたのか。端的にひとつの例をあげれば任侠映画である。侠客を扱った芝居や講談や浪花節の映画は古くからある。幡随院長兵衛とか清水次郎長、国定忠治などの物語がそうである。しかし、これらと、昭和四年の日活映画「沓掛時次郎」のヒットからはじまるいわゆる股旅ものとは、ひとつ、決定的に違う点がある。長兵衛や次郎長や忠治には、妻や妾はいるが、心の恋人、あるいは心の天使といった存在の女性はいない。ところが「沓掛時次郎」以後の股旅ものには、しばしば、主人公の心の支えになる女性がいる。これは日本の芝居や小説の伝統にはなかったものではないか。おそらくは外国映画、とくにアメリカの西部劇の直接的な影響である。

城戸四郎が松竹に入社した年の前後には、富山の田舎町のおばさんたちの行動から始まった米騒動があり、バスの女車掌という、紡積女工とは違った新しい近代的女性職業がはじまっている。産児制限のサンガー女史の最初の来日もこの頃で、いわば大正八年前後は日本の女性解放の大きなうねりが起こった時期であり、アメリカナイズされた映画への女優の進出と、それが僅か数年のうちに女形と総入れ替えになるほど大衆に迎えられたということもこの動きのひとつである。

松竹は歌舞伎の興行会社であったが、映画への進出を考え、新劇運動の指導者であった小山内薫に松竹映画研究所をつくらせ、その研究所の試作品として大正十年に「路上の霊魂」をつくらせる。小山内薫総指揮、牛原虚彦脚本、村田実監督、鈴木傳明主演であり、スタッフには他に島津保次郎も参加している。いわば学生たちの卒業制作のようなものである。他に小山内門下の研究所員には伊藤大輔などもおり、これらの人材が、村田実が日活へ行った他は大正九年の松竹キネマの発足に参加することになる。

もちろん、まだ若い彼らの上には、芝居のほうからやってきた人々がいたが、彼らはまもなく映画製作の第一線に立つようになり、従来の芝居者たちとは違う新風を映画界に吹き込むことになる。

当時の日本映画の最大の会社は日活であり、東京の向島に新派悲劇の撮影所を、京都に時代劇の撮影所を持っていた。時代劇には尾上松之助が君臨していた。

日活京都が松之助を御大将（略して御大、時代劇のボス的大スターを言う）にいただいてスター本位の映画づくりをしていたとき、おなじく日活向島でも、女形の衣笠貞之助などをスターにおしたててスター本位で映画をつくっていた。衣笠貞之助もまだ若いが新派の舞台で経験をつんでおり、当時の幼稚な段階の映画づくりでは監督から演技指導をしてもらう必要はなかった。だから大正時代の半ばころまでは、監督は撮影の進行係以上の存在ではなかった。

日活がこうして、歌舞伎や新派の舞台のひきうつしのような映画をスター中心につくっていたとき、新しく映画をつくりはじめた松竹キネマには、まだスターがいなかった。とくに女の役は、二年前に日本映画の多くにどっと登場することになった女優の好評に注目して、最初から女優だけで行く方針をきめ、女形は使わないことにした。当時、新劇には女優が活躍していたが、新劇の観客の層は浅かったし、商業演劇に対抗して芸術性と思想性の旗じるしをかかげていたため、当時のまだかなり幼稚だった映画にはそう深く関心は示さなかった。それに、新劇女優は必ずしも美人ぞろいではなかった。映画は美人を必要としていた。美人であればこそ、伝統の演技術で修練をつんだ女形にも勝る人気を、本物の女が出演することによって得ることができたのである。松竹は美人を求めて、芸者や女給、ダンサー、日本舞踊の名とり、といった人々に注目した。城戸四郎が松竹キネマの幹部として活躍しはじめるのはこの頃からである。

松竹の初期の女優の顔ぶれを見ると、川田芳子が芸者出身で川上音二郎一座に入って舞台経験があり、筑波雪子、八雲恵美子も芸者出身である。他は新派や歌劇の経験のある人が多かったが、まったくの素人から映画女優になった人は少ない。大正十年に国活という会社の「寒椿」という映画で当時十七歳の水谷八重子が映画初出演しているが、タイトルには名前はなく、ただ「覆面女優」となっている。画面にはちゃんと顔が映っているのに「覆面」とは滑稽だが、これは当時彼女の通っていたミッション・スクールの雙葉高等女学校の意向で名前を公然と出すことを遠慮したのである。つまり、当時の常識では女優も水商売の一種で堅気とは区別された存在であり、堅気の女のする仕事ではなかったのである。

こうして、芸者や新派や歌劇、新劇の経験のある女性たちが集められて最初の女優になるが、それらは俳優として歌舞伎や新派の女形のように伝統のある確立された演技術を身につけているものではなかった。新派には女形と女優と両方がいたが、女形のほうに名優と呼ばれる人がいて、女優は従属的な存在であった。俳優としては素人に近いこれらの人々をあつめたことから、松竹キネマでは相対的に、監督の地位が高くなる。

これら最初の女優たちを育成することから城戸四郎の仕事ははじまるが、彼の日本映画界におけるおそらく最大の業績は、松竹蒲田撮影所においてディレクター・システムと呼ばれる組織を確立したことであろう。スターも監督の指示で動かねばならない、としたのである。素人に近い俳優は監督の意のままに動く。また意のままに精密に動かさなければ映画はできない。さいわい映画は、十秒、二十秒といった細かいショットによって成り立っている。十分とか一時間といった長丁場で演技をつづけることは素人には出来ないが、十秒、二十秒なら、監督に言われたとおりの動作をしているだけでなんとかなる。だから監督が、五秒きざみ、十秒きざみの精密な俳優の動作や表情のプランを思い描くことができるならば、俳優が自分で役を組みあげ、一定の感情を持続してゆくだけの職業的訓練を身につけていなくても映画演技は可能になるわけである。

ディレクター・システムとは、また監督にプロデューサーとしての権限もあわせ与えることであると言ってよいであろう。もちろん、城戸四郎が撮影所長としてプロデューサーとしての権限をふるうが、彼は全体を統括しているので、個々の作品に関しては監督の発言権を大きく認める。現場のマネージメントをするために進行係や助監督がいるが、これはあくまで監督を補佐するのである。題材と予算、ときには出来上がったシナリオと一緒に、ベテランと素人に近い俳優とがとりまぜて監督にあずけられる。あと、それをどう料理するかは監督のやり方にまかせられる。いつの時期にも何人かずついた、いわゆる巨匠に関しては、題材の選び方も監督自身の提案が採用されることが多い。撮影中は監督の独裁であって、所長にさえもラッシュ試写さえ見せない。のちに東宝が発足したとき、東宝は森岩雄の指導の下にプロデューサーの権限を強化したプロデューサー・システムをうち出し、プロデューサーが作品の進行中にも随時口をはさめるようにしたが、これもアメリカのプロデューサーのように脚本家や監督をいつでもクビにできるというほどの強力な権限を持っているのに較べたら、城戸四郎の行なったディレクター・システムに近い。

のち松竹のディレクター・システムは助監督の採用試験も監督たちと古参の助監督たちが行なうというぐあいの一種のギルド制に似たものにまで発展してゆくが、こうして監督の発言権を強化したことが、優秀な監督の育成につながった面はたしかに大きい。少なくとも、スターが自分の演技に固執して監督の創意を妨げることは許されなかった。

小山内薫門下の若手のうち、とくに島津保次郎は、いま述べたようなこまかいアクションや表情を精密に指定してゆくことによって素人同ようの新人をちゃんとした演技者に見せることに妙を得ていた。彼の後輩である小津安二郎にいたっては、たんに新人にそういうこまかい指示を与えるだけでなく、ベテランの俳優に対しても、「この紅茶はスプーンで二回半かきまわしてから飲む」というふうに厳密に動作を指示した。

島津保次郎の助手であった五所平之助も、こうしたこまかいアクションの指示に才気を見せた。人は職業や階層によってそれぞれ特有のしぐさを持っている。芸者と女郎、堅気の奥さんでは座り方も違う。芸者が客に酒をつぐとき、気があるかないかでこの手つきも違っていなければならない。そうした神経のくばり方が演技指導を精密なものにしていった。

五所平之助の助手をしていたことのある成瀬巳喜男は、劇的なメリハリの少ない日常スケッチ的な題材を得意としたが、なんでもない日常生活を描いてそこに心理の動きなどを豊かに盛り込むために、特に俳優の視線の動きには細心の注意をこらしている。昂奮した言葉のやりとりより以上にむしろ、ちょっとスレ違った者同士の視線の交錯や反撥やソッポを向いたり微笑んだりするという僅かな表情と動作をカット・バックしてゆくことによって劇的な内容を豊かにするのである。

こうして素人をちゃんとした俳優に見せるという演技指導術は、自ずから、こまかいショットの割り方や、人物と自然とのモンタージュといった技法を発達させていった。俳優自身には深い感情表現をするほどの演技力はまだなくとも、何気なくただずんでいる姿に、彼のそのときの心理を暗示するのにもっともふさわしい自然の風物のショットなどをつなげば、これによって心理描写ができる。こういう方法を徹底させていって、なまじ俳優が名演技ふうのことをするより、むしろ感じのいい素人が何気なく自然のなかにとけ込んでいて、あとは風物とのモンタージュのうまさと物語の語り口によって面白く見せたほうが、より映画的に純粋になるという主張をおし進めた監督に清水宏がいた。

素人でも演技はできる、ということから、さらに、演技的に手垢のついているセミ・プロ的な芸者あがりの女優などより、まったくの素人でういういしい今日的な感触を持っている新人のほうがむしろよい、という考え方になる。一九三〇年代のトーキー初期ごろともなればもう、映画女優は水商売であるという偏見も薄れて、ふつうの女性が女優にスカウトされるようにもなる。

こうした素人の新鮮さの発見ということは、女優についてだけでなく、男優についても積極的に進められた。松竹キネマ発足前の研究所時代の作品である「路上の霊魂」に主演した鈴木傳明は学生時代にスポーツ選手として鳴らしていて、舞台経験をへず、いきなり映画に出るようになったもので、牛原虚彦監督によるハリウッド映画ばりの青春スポーツものが彼の人気を高めることになった。スポーツといえば城戸四郎も学生時代に野球の選手であったし、東大文学部英文科出身の牛原虚彦はハリウッド映画のセオリーを取り入れるのに熱心で、現在も使われているハリウッド製の映画の術語の多くは彼によって日本映画にとり入れられた。

現在残されているフィルムから判断するかぎり、鈴木傳明という俳優は、演技的にはいつまでたっても素人っぽさのぬけきれぬ無骨で不器用な俳優だったと言わざるを得ない。とうてい同時代の時代劇の、阪東妻三郎や大河内傳次郎の役者らしい芸は身につけていない。にもかかわらず人気があり、注目されたのは、まさにその、役者らしくない、隣近所の気のいい青年と変りのない印象が愛されたからであろう。鈴木傳明のよき相手役が、若き日の田中絹代で、これも、美人は美人だが、絶世のというわけではなく、隣近所にいかにもいそうな愛らしさによって名コンビとなったのだった。

歌舞伎、新派の伝統を受け継いでいる日活その他の映画に対して、城戸四郎のひきいる松竹蒲田映画の新しさは、素人に近い俳優を大胆に起用して、素人の持つ今日的な新しい感触を生かす写実的な現代劇を生んだということであり、このために、素人に近い俳優の演技をけっこう自然なものに見せる、ときには振り付けに近い演技指導術と、ショットのこまかい割り方を進歩させたということである。そして、これは全体としてハリウッド映画の強い影響下にあったということである。ハリウッド映画の影響の受けいれ方としては、新たにスターとして育成された俳優たちが、墨守すべき演技の型を持っておらず、従って自分たちを育成してくれた監督の指導によく従ったということと、舞台の経験を持たない若者を積極的に監督に起用していったこと、その若い監督たちにアメリカ映画のファンが多かったこと、などがあげられる。

一九一〇年代の後半から一九二〇年代は、アメリカ映画が世界の市場を征覇した時期である。第一次世界大戦によって、それまで国際的な市場を得ていたヨーロッパの映画が衰退し、アメリカ映画がそれに代ったのである。ヨーロッパ映画は、第一次大戦後も、とくにドイツ映画やソビエト映画を先頭として芸術的な秀作をしばしば送り出したが、大衆映画の面ではアメリカ映画が圧倒的に強かった。西部劇やアクション映画やメロドラマにおいてそうであっただけではなく、庶民生活を写実的に描いた作品などもそうだったのである。

一九一〇年代の日本で圧倒的に好評だったアメリカ映画に、ブルーバード映画と呼ばれるユニバーサル社傘下のプロダクションの作品群がある。これは今日ではアメリカ人自身が完全に忘れ去っているものであるが、主として農民を扱い、田園牧歌調の雰囲気の中で、つつましい愛や正義の物語を展開するというものである。あるいは都会の庶民の生活を扱うこともあり、貧しくとも正直に生きようとする若者たちに幸せあれ、と結ぶようなものである。気のいい放浪者、つまり〝フーテンの寅さん〟のような人物も当時のアメリカ映画のもっともありふれたパターンのひとつであった。

城戸四郎のひきいる松竹蒲田映画が積極的に模倣したのはこのタイプのアメリカ映画であり、牛原虚彦、島津保次郎、五所平之助などがそれを日本化したのである。

昭和初期に、松竹蒲田撮影所で確立された芸術的な現代ものの一ジャンルに、小市民映画と呼ばれるものがある。一九二九年の小津安二郎監督の「会社員生活」あたりを出発点とし、一九三四年の五所平之助監督に「生きとし生けるもの」、一九三九年の島津保次郎監督の「兄とその妹」などがその代表的な秀作であるが、いずれも、そのころのサラリーマンの、貧しさ、生活の基盤の弱さ、そこからくる卑屈になりやすい傾向や、同僚の悪口などでやっと自分をなぐさめているようなあわれさ、そして、そのせめてもの救いとしての家庭生活のいとおしさ、などを、キメこまかくしみじみと描いたものである。サラリーマンの生活というものをそういう角度から見て描く傾向は、一九三〇年代における、非左翼的な、ヒューマニズムにもとづくリアリズム映画の主要な傾向であったが、これらにおける、貧しい者のささやかな勇気、というモチーフはアメリカ映画の影響をぬきにしては考えられないものである。もっとも、アメリカ映画の同系統の作品群に較べると、ストレートに勇気をよびかけるアメリカ映画に対して、日本化された作品がより深く、あきらめの心境に傾いていることは否定できないところである。

城戸四郎の最大の業績は、新派劇の伝統的なセンチメンタリズムに抵抗して、より明朗で写実的な現代映画の流れを生み出してきたことであった。

若き日の城戸四郎の良さは、撮影所長室などに閉じ込もっていないで、脚本部の部屋に自分の机と椅子を持ち込み、常時そこに居て、出入りする脚本家や監督たちと一緒におおいに議論をやったことである。清水宏、小津安二郎、斎藤寅次郎、五所平之助、島津保次郎、などが定連で、自分たちの企画の他、近ごろ見た外国映画、とくにアメリカ映画が話題になった。エルンスト・ルビッチをいちばん尊敬して語ったのは小津安二郎だった。ルビッチ好みの暗示的なお色気表現のイキさ、おかしさはルビッチ・タッチと呼ばれて世界的に評判になるが、日本でそれをいちばん鮮やかに受けとめたのは小津安二郎であり、「淑女は何を忘れたか」(一九三七)である。五所平之助はエリッヒ・フォン・ストロハイムのリアリズムに感心して大いに語ったものだという。若き城戸四郎を中心に議論は大いに盛り上り、撮影所を活気づけた。おとなしく、お喋りが下手で、学歴コンプレックスもあったかもしれない成瀬巳喜男はそういう場では黙っていることが多く、城戸四郎からは無視されることが多かった。しかし才能があってコツコツ小津ばりの佳作を作っていたからトーキーになってから東宝に引きぬかれる。すると城戸はしまった、と思い、くやしまぎれに「ああいいよ、小津は二人はいらないから」と憎まれ口を叩いた。

城戸が指導したというより、こうした若い才能に上下の区別なく自由に議論させたことが若き日の城戸四郎のいちばんの良さだったのであろう。戦後のとくに晩年になると、若い助監督の間では、権威をふりかざして一方的に昔の蒲田調、大船調を強制するという怨嗟の声をやたらと耳にするようになるのだが。

大正末期から昭和初期において、松竹のライバルは日活であったが、日活の興行面での主力になっていたのは時代劇であった。時代劇では男性が中心である。しかも強そうな男性が中心である。強そうな男性というのは人気は長持ちするのである。長谷川一夫や阪東妻三郎や市川右太衛門が、三十年間も四十年間もトップ・クラスのスターの位置を占めていたことで明らかなように、チャンバラのスターというのは、若い頃は美貌で人気を得、美貌が失われてからも、時代劇特有の演技の型を身につけたところからくる貫禄でもって人気がつづく。これに対して、現代劇ではスターの人気はそうはつづかない。演技的には上達して魅力的になっても、若さが失われると主役は難しくなるのである。とくに女優はそうである。脇役として残るのならばともかく、現代劇の女優はたぶんに消耗品的な立場に立たされる。テレビのホームドラマや舞台劇の繁栄によって、映画女優が中年を過ぎてもスターの座を保ちつづけられるようになったのは一九六〇年代以後の新しい現象であり、それでも映画に関しては、中年以上の女優が主役をやるということは殆どあり得ないことになっている。

城戸四郎の時代にはスター女優もその本格的な人気はせいぜい五、六年ぐらいしか保てなかったと考えていいであろう。蒲田＝大船映画は女性映画を看板にしていたから、そういう寿命の短い消耗品としてのスター女優を、いかにして絶え間なく再生産してゆくかということが経営戦略上の基本命題であったことは間違いない。

城戸四郎は「スターというものは、要するに生まれるものではなくて、つくられるものである」と言っている。これは今日では芸能界の常識であるが、そういう常識を生み出したのが城戸四郎だったと言っていいであろう。尾上松之助や阪東妻三郎は、鳴り物入りの宣伝で生み出されたスターではなかった。映画界にまだあまり人材が集まってこなかった時期に、ひときわ特色のある個性を持っていたために一気に注目され、そこでかち得たスターの座を努力と精進で本物にしていった人たちである。時代劇では、こうして自然発生的に生まれたスターのまわりに人々が集まり、集まった人々の力でスターはますます高いところに押し上げられ、光り輝き、その周辺に形成された人脈が映画界をつくりあげていった。

城戸四郎は会社の経営者としてスターを組織的につくり出す仕事をはじめた人物である。

「スターを売り出したら、たてつづけにトントンと映画に出すことだ。いくら人気が出ても、ポツンと一つ出て評判になっているうちに消えてしまい、また思い出したようにポツンと出るのではしようがない。いろいろな役で、とにかくトントン、トントン出してやる。その調子をすくなくとも一年はつづける。長くても二年はいらない。僕の経験からすれば、すくなくとも一年に七、八本は出さなければいけない……。常に主役である必要はない。ワキ役でも何でもよいから、うまく筋の上にはめ込んで行く。そういうことは、全体をにらんで行くゼネラル・プロデューサー、即ち撮影所長の手腕によって決まる。撮影所長が、ぼんくらでは、いつまでたっても、よいスターは生れない」（城戸四郎「日本映画傳　映画製作者の記録」文藝春秋新社　一九五六年）

もちろん、ただたてつづけに役を与えてゆきさえすればいいというわけではない。一定の役柄に基準をおいて与えてゆくのである。城戸四郎は佐分利信をスターとして売り出したときのことを例にあげてそれを説明している。佐分利信ははじめ日活で島津元という芸名で俳優をしていたが、いっこうに人気が出ず、巡業などをして貧乏生活をし、松竹に入ってきたときにはすり減らした下駄ばきだったくらいだという。しかもいわゆる甘い美男ではなかった。しかし城戸は、彼を一目見て、相当なスターになり得ると見当をつけたという。

「――というのは、彼にはお世辞がひとつもない。ぶっきら棒で僕たちと話していても、少しは所長であると思っているのかもしれないが、それがちっとも表情に出ない。しかし、彼の顔から受ける感じは、何かしら好感が持てる。悪を感じない。少し甘い面もあると思うが、それ以上に善というものを感じる。これは取り柄があるとにらんだ。しかし上原（謙）や佐野（周二）のような行き方では佐分利は成功しない。そこで、あの無口な、無愛想な佐分利に、ひとつの好感の持てる役を考え出した。つまり、佐分利の役はみんな恋に破れている悲劇的人物にした」（前掲書）

たしかに佐分利信が二枚目スターだったころの役の多くは失恋した男の役である。島津保次郎監督の「朱と緑」など、ブルジョア娘にもて遊ばれ、痴漢の汚名を着せられて逮捕され、裁判にまでかけられる実直な青年の役であるが、身の不運に昂然として耐えている風情が男らしいとして評判になったものであった。島津の弟子、吉村公三郎の演出でつくられた「暖流」でも佐分利信はやはりブルジョア娘に失恋する。そしてじつはあまり愛していなかった貧しい看護師と結婚する。というと、あまり格好よくない役のようであるが、じつは彼が失恋するのは、彼があまりに男らしく誠実で行動力がありすぎ、ブルジョア娘のほうでかえってついて行けなくなったためと言える微妙な役柄なのであった。したがって彼が、気位の高すぎるブルジョア娘に失恋して、純情一途な貧しい娘と結婚する結果になるのも、一抹の余韻を残しつつも納得がゆくのだった。

佐分利信をこういう役柄にきめ、そういう、失恋することによってかえって男らしく見えるという役柄のあるストーリーをたてつづけに選択して与えてゆく。そこにゼネラル・プロデューサーの手腕があるというわけである。

ところで、佐分利信などは松竹に入社したころすでにある程度の演技力を身につけていたのだが、これがズブの素人に近い新人であったばあい、その新人に一定の役柄をはめて年に七、八本、トントンたてつづけに映画に出し、演技的には下手であっても観客の印象に残るようにするということになると、これは監督の仕事がたいへんである。監督には自分のやりたい題材もあるだろうが、かなりの程度までは、売り出し中のスターの役柄に合った題材をこなしてもらわねばならず、しかも演技のまずいところを演出でカバーしてもらわねばならない。

城戸四郎は、自分が島津保次郎をはじめとするお気に入りの監督たちを使ってつくりあげた、いわゆる蒲田調(昭和十一年に撮影所が大船に移転してからは〝大船調〟)について、前述の著書『日本映画傳』でつぎのように定義している。

「これは幾度もいうように人間社会に起こる身近な出来事を通じて、この中に人間の真実というものを直視することである。要するに人間は神様ではない、いつまでたっても永遠に神様ではない、しかし、かりに神という言葉を完成された人間と解釈するとすれば、人間が完成された人間になろうとする一つの努力や、情熱の中に、人間社会の文化というものが生まれる。そこで僕にいわせると、永遠に欠点があるところに人間の本質がある。そこにまた芸術というものも生まれて来るし、この世の中の複雑さが出て来たり、あるいは名誉欲が頭をもたげ出したり、逆にそういうものから離れようとする恬淡さだとか、あるいは孤独だとか、そういうものも反発的に出て来たり、いずれにしても人間はいろいろな面を持っている。ところがこれが人間の現実の姿であり、どうにもならない一つの真実だ。この真実の姿を掘り下げるのが芸術だが、このいろいろの面を努めてあたたかい明るい気持で見るのと、暗い気持で見る見方とがある。しかしこれでは、どうにもしようがない。暗いものをそのまま見る考え方の中には、救いを求める宗教とか、革命とかがあるけれども、松竹としては人生をあたたかく希望を持った明るさで見ようとする。結論をいうと、映画の基本は救いでなければならない。見た人間に失望を与えるようなことをしてはいけない。これが、いわゆる蒲田調の基本線だ。これが、言葉が変わって、明るく、ほがらかにということになったり、青春は若い、というようなことをいってみたり、言葉では、いろいろ砕いているけれども、基本はこれである」

これを要約すればつぎのようになるであろう。

1、人々の身近な生活に題材を求める。

2、さまざまな欠点を持った愛すべき人物を描く。逆に言えば立派すぎるヒーローは避ける。

3、社会と人生を明るく見る。つまり現実を肯定する立場をとり、宗教や革命による救いは避ける。

たしかに城戸四郎はこのねらいを松竹映画の基本線として強力におしすすめてきたと言える。昭和初期の牛原虚彦の、「彼と田園」「彼と東京」などの明朗青春もの、島津保次郎の「隣の八重ちゃん」や小津安二郎の「大学は出たけれど」などの小市民もの、五所平之助の「からくり娘」をはじめとする田園もの、清水宏の「大学の若旦那」などの〝若旦那〟シリーズ、斎藤寅次郎の「この子捨てざれば」などの貧乏人のドタバタ喜劇、などにおいて、この理念はまず申しぶんなく完成されている。そしてこれは、吉村公三郎、渋谷実、木下恵介などの作品をへて、城戸四郎の最晩年のヒット・シリーズとなった山田洋次の「男はつらいよ」シリーズにもそっくり当てはまる。

これらの監督たちは、城戸四郎の理念をよく体現して映画をつくったわけであるが、彼らがつねに城戸四郎のこの理念に忠実だったわけではない。城戸四郎の理念に申し分なく忠実だったのは、まず島津保次郎と清水宏と斎藤寅次郎だったと思われる。この三人はそれぞれに天才的な監督で真似手のない秀作を残しているが、会社が求めれば通俗的な商業映画を気楽に即製する職人でもあり、そこが経営者としてはもっとも気に入ったところなのであろう。しかしそれだけでなく、この作風は城戸の要求をよく充たしていた。

五所平之助は、初期には城戸四郎の理念に忠実であり、城戸の個人的なコネクションで撮影所に入ってきたということもあって、城戸の要求をよく受け容れて商業映画もしきりにつくった。島津保次郎に次ぐ蒲田調確立の功労者である。しかし、昭和九年に山本有三の「生きとし生けるもの」を映画化したころから、城戸四郎の理念から、はみ出すようになっていった。これは貧しいサラリーマンの卑屈ないじけた生活を描いたもので、その主人公が自分の卑屈さを口惜しがるにもかかわらず、現実はどうしようもなく重い、というものであった。人々の身近な生活を扱い、欠点の多い主人公を愛情をもって描き出しているという点では城戸イズムに合致していたが、明るい展望はなく、暗く、じめじめした世界だった。そのころ五所平之助は、なにかというと「良心的」という言葉を口にしていたという。城戸イズムに忠実な明るく愉しい蒲田調が良心的でないというわけでもないのだろうが、やはりそれだけでは充たされない、より真実なものへの欲求がたぎっていたということであろう。このあと五所平之助は「花籠の歌」のような典型的な城戸イズムの佳作なども作るが、再び「木石」という暗い重厚な悲劇的な作品にいっそうの情熱を傾け、昭和十六年にふとした感情の行き違いから城戸と衝突して松竹を去った。

城戸は女性メロドラマを蒲田＝大船映画の主軸にすえ、そのねらいを菊池寛の近代的な通俗恋愛小説に定めた。清水宏や五所平之助はそのねらいをよく体して、菊池寛的な新旧両タイプの女性のからむ三角関係の恋愛メロドラマのヒット作をよくつくった。ところが小津は、企画会議の席上などでも公然と菊池寛の通俗性を批判して相手にしなかった。かわりに小津が賞揚するのは志賀直哉だったが、志賀直哉では商売にならない。城戸は、芸術作品をつくる小津を認めはしたが城戸が本当に望んだのはメロドラマで、その点で城戸は、小津がもっと柔軟であってくれることをいつも望んでいた。

また、題材の柔軟さとおなじくらい、手法的にも柔軟であることを城戸は望んだ。小津の厳格きわまる独特の構図のとり方、演技のつけ方は、類のない微妙な美しい作品を生んだわけであるが、同時にいつも、形式主義であるという批難をまぬがれなかった。城戸四郎は、通俗恋愛メロドラマが批評家たちからその御都合主義的なところを批判されると、恋愛メロドラマはこれでいいのだ、と反論したが、小津の厳格な美学が形式主義と批難されたことに反論したようすはなく、むしろその批判に同調しているふうでさえあった。私のインタビューにも、小津がもし、有名なロー・ポジションをはじめとする一定の手法にこだわらず、もっと柔軟なテクニックを使えたら、もっと偉大な監督になれたはずだ、と言い、柔軟なテクニックを自由に使いこなした監督の例として島津保次郎をあげた。

島津保次郎や清水宏がそれぞれ卓抜な監督であったことは確かだが、城戸四郎のこの二人に対する評価には、出来上がった作品に対する好みだけでなく、経営者としてのひとつの戦略戦術的な必要もあったようである。彼らが城戸イズムに忠実で、暗い深刻な題材にはあまり興味を示さず、命ぜられれば大メロドラマも撮り、いっぽう軽妙な小品の喜劇を短い日数で仕上げて会社のスケジュールを助け、しかもその小品のほうは才気あふるるフレッシュなものとして世評も高かったというわけで、経営者としては彼らの才能をことの他尊重したわけである。

さらに、それだけでなく、島津、清水の演出方法は、撮影所全体の運営にとってたいへん都合がよかったようである。城戸四郎は映画の演出には大別して二通りの型があるという。

ひとつは演出家が自分のイリュージョンを確固として持っていて、俳優や現場の条件をそれにあてはめてゆくやり方であり、もうひとつは、俳優や現場の条件に合わせて、その場で柔軟に演出を工夫してゆくやり方である。城戸は前者をA型、後者をB型と呼んで、つぎのように論じている。

「前者は俳優の演技を自分のイリュージョンにはめこまねば止まないという、そうかといってそういう信念があってというのでは必ずしもないが、無意識にそうなって行くのである。いわばあるイリュージョンを構成すると、どうしてもその構成を簡単に破れぬ、従って自分のイリュージョン、イメージを満足するような俳優が是が非でも選択される。従って訓練を経た俳優を広範囲にわたって探しもとめる。それでないと撮影の進行に支障が起こる危険があるからである。つまり俳優依存度が強いのであって、事前のコンティニュイティが凡てを支配する傾きがある。後者の演出はこれと全く対蹠的であって、勿論コンティニュイティも作られるが、それ以外に撮影時にあたって、俳優の演技の巧拙により、コンティニュイティの中でいろいろ変化して行く。時にはコンティニュイティを根本からかえることによって、その映画全体とのバランスに眼を配る。つまり俳優演技の拙劣を他の方法によって補って行き、常に弾力性を持たして行く」(前掲書)

この二つの行き方の前者、すなわちA型の代表として城戸は小津安二郎と黒澤明をあげ、後者、すなわちB型の代表として木下惠介と成瀬巳喜男と吉村公三郎をあげている。島津保次郎と清水宏と五所平之助は、言うまでもなくB型の確立者ということであろう。そして城戸四郎は、両者の優劣はつけ難いけれども、自分としては後者すなわちB型のほうをとりたい、と明言している。

城戸四郎をある意味で愛嬌のある面白い人だと思うのは、B型の俳優の力量に即した柔軟な演出のほうこそ演出のテクニックもより弾力のあるものになるから「無限な芸術の探究を使命とする映画人」のとるべき道だ、とあたかも純粋に芸術的な目的のためにB型を支持するように書いていながら、それにすぐつづけて、A型は俳優に油汗をかかせながらイメージを完成してゆくので「自然に撮影に著しく時間がかかる」とも書いていることである。要するにA型は、相当な演技力の持ち主を集めなければ仕事にかかれないし、そのうえに俳優をしぼりにしぼってえんえんと撮影に手間をかける。だから経営者としてはコストもかかりスケジュールも狂わされてやりきれないのだ、という言外の意味がすけて見える。おそらくそれが本音で「無限な芸術の探究を使命とする映画人として」というのはたんなるタテマエなのではないか。

城戸四郎が、女性メロドラマの型を、旧来の新派悲劇調のものから、菊池寛の恋愛小説などを、積極的に取りあげたように、近代的な恋愛メロドラマの型に変えていったということは、メロドラマの基本軸を、女の貞操と、母と子のつながりとにおくものから、男と女の身分の違いや性格の違いによる葛藤という方向に置き替えていったことであった。

新派悲劇調のメロドラマとは、具体的にはどういうものか。原作で言えば、尾崎紅葉の「金色夜叉」、徳富蘆花の「不如帰《ほととぎす》」、菊池幽芳の「己が罪」、柳川春葉の「生《な》さぬ仲」、泉鏡花の「婦系図《おんな》」「瀧の白糸」「日本橋」などが有名である。これらのうち、文学史的に重要性を認められているのは、紅葉や蘆花や鏡花の諸作である。「金色夜叉」は金銭によって左右される男女の愛憎という近代的な新しい主題をうち出したからであるし、「不如帰」は姑の考えひとつで嫁が婚家を追われるという旧来の家族制度の否定面を痛撃したからである。「婦系図」その他の鏡花作品は、見事に磨きあげられた言葉の美しさで滅びゆく江戸情緒、明治情緒の記念碑となったからである。

これらの作品の脚色上演によって、新派悲劇は、必ずしもたんなる通俗演劇として忘れ去られるものではなく、思想的にも芸術的にも、ある高さと存在理由を持って一応の敬意をはらわれたわけである。しかし、それらの問題作や芸術的作品だけでは大衆的な人気の拡がりや深まりは必ずしも得られるものではない。人気の広い土台となるのは、それらの問題作や傑作によってかちとられた今日的な問題性や、表現のコツといったものを適当な範囲でとりいれながら、そこにもっと、古くて通俗的な要素をたっぷり盛りこんだ作品である。

「己が罪」はご都合主義的な偶然の多い話である。若気のあやまちで口先のうまい色男にだまされて捨てられ、男の子を生んだヒロインが、親の計らいでその子を知らぬ家に里子に出し、その事件は秘密にして華族の青年に嫁ぐ。青年は道徳主義者のコチコチで、はじめは二人はうまくゆき、男の子も生れるが、この子を一夏、海岸へ連れてゆくと、そこに偶然、かつて彼女の生んだ男の子が立派な少年に成人している。そして、異父兄弟とは知らずに仲よしになり、弟が溺れ死ぬのを兄が助けようとして一緒に死んでしまう。その勇気ある子が実の子であることを知ったヒロインは、この二人の子の死こそは、貞操を軽んじたうえに嘘をついて結婚した己が罪に対する天のいましめであると思い、夫にそれまでのいっさいを告白する。告白された夫は、彼女がこれまで申しぶんのない妻であったことを認めながらも、不道徳は許せないとして別居してヨーロッパへの旅に立つ。ヒロインは己が罪の浄化のために赤十字に入って献身的に病人の看護につくす。数年後、夫は、ヨーロッパからの帰路、サイゴン（現・ホーチミン市）で熱病に倒れ、うわごとに妻の名を呼びつづける。それを知ってヒロインはサイゴンにかけつけ、その真心からの看護で夫の病も治る。そこではじめて夫も自分の心がせまかったことを認め、二人はあらためて固く結ばれる。

親の因果が子にむくいたり、女の貞操だけが一方的に強く要求されたりするあたり、これはいかにも封建的な日本の物語のようであるが、こうしてストーリーを要約してみると、むしろ当時のアメリカあたりの通俗メロドラマの影響をじつに強く受けている物語であると思う。たしかに、女に一方的に貞操を要求するのは、日本でも武士や上流階級ではそうだったにちがいないが、下層階級では、明治時代ごろには、ずいぶん離婚率も高く、貞女は二夫にまみえず、などという言葉は殆ど通用しなかったはずだ。

いっぽうアメリカ映画は道徳的に厳格なピューリタニズムの盛んな時代で、ふしだらな女をつまはじきにする社会通念はものすごかった。と同時に、ちょっとしたあやまちとして貞操を汚したにすぎないような女に対してまで、人々の指弾があまりにも激しい場合、はたしてそれは、「汝らのうち罪なき者まずこの女を打て」というキリストの教えに適うかどうかという反省もあり、この二つの道徳的な力の相克のドラマが多い。のちの、デイヴィッド・ウォーク・グリフィス監督、リリアン・ギッシュ主演の「東への道」などはまさにそういう、貞操の罪で指弾される可哀そうな女と、それを温かくかばう青年のメロドラマである。

明治維新は、武士階級の指導による革命であったため、維新の成功後は武士階級の道徳が庶民にも押しつけられるようになった。しかし道徳はいくら上から押しつけても、押しつけるだけでは民衆の内面にまでは浸透しない。武士階級的な貞操観念が、やがて徐々に民衆の中にも浸透するようになってゆくのを助けたひとつの力は、皮肉なことにアメリカのピューリタニズムであったかもしれない。

ヨーロッパの帝国主義列強に対して畏敬と恐怖の感情を持っていた明治の日本人は、アメリカに対しては、ヨーロッパから独立をかちとった新興国として、兄貴分に対するような親近感を持っていたと考えられる。そして親近感をつうじて見ると、アメリカのピューリタニズムは、その強い禁欲性において日本の武士道に一脈つうじるもののように感じられたのではないか。そして、ピューリタニズムの産物としての貞操の罪という観念を、それならば日本にだって伝統的にあるのだと考え、日本の大衆文化に伝統的にあった程度以上にそれを強調するようになったのであるように思われる。ピューリタニズムそのものは札幌農学校でクラーク博士の教えを受けた若い知識人たちに典型的に見られるように一部の進歩的な知識層をとらえただけだったが、それが貞操の罪といったことをことさら指弾するような態度というかたちでは、女性向けの新聞小説などに影響して、より深く、大衆的な規模で影響したと思う。

「己が罪」で言えば、そういうピューリタニズム的な道徳観に、親の因果が子にむくいるという日本の民間伝承的な要素を加えたのがミソであったのであろう。

「生さぬ仲《な》」というのはこんな話である。主人公のブルジョア青年が、若いころ放蕩して芸者を家に入れ、子どもを生ませる。しかし女は、こんな堅い家は窮屈で嫌だと言って家をとび出して行方不明になる。その後、主人公は純情な良い妻を迎え、堅実な家庭を築く。出て行った女の生んだ子も、妻の息子として立派に育つ。ところが、出て行った女は外国で大金持と結婚してその遺産を継ぎ、大金持となって帰国する。そして、自分の実の子を取りもどしたくなり、そのために手段を選ばず夫婦を迫害する。夫は破産したうえに他人の金を使い込んだことになって刑務所に入れられ、その間、妻は、女からのあの手この手で子を奪われそうになるが、生さぬ仲であるにもかかわらず母と子の結びつきは固く、ついに女の迫害に耐えぬいて、出獄した夫と再び幸福な家庭を持つようになるのである。

「己が罪」も「生さぬ《な》仲」も、ともに明治末期の作品であって、当時はまだ、アメリカ映画などは日本ではたいした存在ではない。しかしこの「生さぬ仲」なども、母と子の強い結びつきが泣かせ場になっているあたりはいかにも日本的であるけれども、しかし、全体の筋立ては、ヨーロッパ乃至はアメリカのメロドラマとじつによく似ている。だいいち、金持の好青年と一緒になって子まで生みながら、家庭を嫌って家をとび出し、男たちを手玉にとって大金持になる女、などという人物は、日本の通俗物語にはなかった型である。しかしアメリカには、ずっと後のスタインベック原作の「エデンの東」に、ピューリタニズムのコチコチの夫を嫌って家を出て娼家の経営者になってしまう妻が出てくる。こういうタイプは古くからあったようだ。

一九〇九年にフランスの作家アレクサンドル・ビッソンが書いた戯曲に「マダム・エックス」というのがある。これはアメリカで一九一六年、二〇年、二九年、三七年と四度も映画化されたくらいで、アメリカの女性メロドラマのもっともありふれた型のひとつになったものである。道徳主義のコチコチの夫から不貞の疑いをかけられて家を追われた妻が、堕落して悪漢と手を組んで金持を脅す女になっている。しかし、その悪漢が脅そうとしているのが、いまや控訴院長に出世しているかつてのわが夫であることを知った彼女は、その脅しを止めさせようとして争って悪漢を殺してしまう。そして逮捕され、起訴されるが、愛する者の名誉を守るために自分の名は言えない、と言いはり、マダム・エックスとして法廷に立つ。奇しくもその法廷で官選弁護人として彼女についたのは彼女の実子であり、検事はその婚約者の父、そして裁判官はかつての夫である。彼女は息子の熱弁で無罪となり、弁護の過程で彼女を実の母と知って抱擁するし、夫も、かつて彼女を疑ったことをわびる。しかし、体が弱っていた彼女は、息子に見守られながら死んでゆく。

このストーリーは、泉鏡花の「瀧の白糸」と似ている。ただし、日本の新派の劇団が「瀧の白糸」を初演したのは一八九六年であり、「マダム・エックス」の原作が発表される十三年前である。鏡花がフランスのメロドラマを模倣したわけではない。

「マダム・エックス」の原作はフランスで書かれたが、アメリカで大受けして四度も映画化された。アメリカの大衆文化には、ピューリタニズムが基調でありながら、同時にそれの行きすぎを道徳主義のコチコチとして否定する傾向も大きなモチーフとして流れている。グリフィスの「東への道」で、男にだまされて子どもを生んだ娘を、冷酷にも家から追い出してしまう主婦が、不寛容な人間として否定的に描かれているし、あるいは後年の「エデンの東」でも、妻に背かれた夫が、人間的な面白味のひとつもない男として描かれている。「マダム・エックス」がアメリカで受けたのも、冷たい道徳主義の権化としての夫が、そのために女を犠牲にし、さいごにその非を認めて女にわびるというところが良かったのかもしれない。

愛する者のために殺人をおかしたヒロインが、その愛する者によって法廷で裁かれることになるという大筋は「瀧の白糸」も似ているが、この日本の作品には、女が道徳主義の犠牲になるということはない。むしろ、ヒロインは貞操観念などとはあまり深い縁のなさそうな女芸人である。「金色夜叉」のお宮も道徳主義的な貞操観念にはあまり縛られていないが、明治中期のこれらの作品こそ、女が自主的に行動することによってどんな難しい社会の壁にぶつかるかということを描いた最初の作品だったと言えるかもしれない。そして、明治末期に書かれた「生さぬ仲」や「己が罪」は、せっかく「金色夜叉」や「瀧の白糸」によって端緒を開かれた女性の自発的な行動というものを、キリスト教的貞操観によって、女はただ貞操だけを、どんな困難の中ででも守りつづけなければならない、という方向に押し込めたものであったと思う。

外国の影響というものは、つねに進歩の方向に働くとはかぎらない。ときには反動的な方向に働くこともある。村上重良の「天皇の祭祀」（岩波新書）によれば、江戸時代まで、唯一絶対神という観念がなく、八百万《やおよろず》の神々のまします国であった日本に、天皇は唯一絶対の現人神《あらひとがみ》であるという観念が生れたのは、唯一絶対神の観念を文化の核としておしたてて日本にのしかかってきたキリスト教諸国に対して、日本も負けるものかと対抗意識を発揮したからであるという。

おなじことが、メロドラマにも言えるかもしれない。明治の半ばまでの日本の女性メロドラマは、必ずしも、女は貞操観念だけを後生大事に守っていればいいというものではなかったのだが、天皇が現人神としての性格を強固に確立しつくした日清戦争から日露戦争のころにおいて、女性メロドラマも、キリスト教国のそれに対抗して、女がただひたすら貞操の危機を逃がれつづけるという型が確立されたと言っていいであろう。

あらゆる危機をのりこえて貞操を守りつづけるのが善良なヒロインであるならば、貞操を守りつづけているにもかかわらず愛する者から疑われるのが薄幸のヒロインとなる。一時的に男にだまされて体は汚れても、それを深く反省して心は純なままでいるのに世間からはつまはじきされるのも薄幸のヒロインである。しかし、そういう道徳主義に反抗して自分から家をとび出してゆくような女はとびきりの悪女にされてしまうわけである。「エデンの東」の母親がそうであるように。「生さぬ仲」で貞操堅固なヒロインを迫害しつづける悪女の姿に、日本の風土に自然に育った女性というよりも、むしろアメリカあたりの女性メロドラマの影響を感じるというのはそういう理由である。

明治の半ばまでの作品である「金色夜叉」「瀧の白糸」「不如帰」においては、女性の自我の高揚や、女性がむしろ男性をリードしようとする気持、さらには家庭の封建性への批判などが主題になっているのに、明治も後半になると、封建的な家族制度の強化ということと、キリスト教的な貞操観とが一緒になってしまって、家は絶対であるという考え方をいっそう強化することになるのである。

城戸四郎が昭和になってから、新たにつくり出そうとした女性メロドラマは、それをより近代化しようとするものであった。その典型的な作品としていま見ることのできる作品のひとつに、菊池寛原作、清水宏監督の、一九二九年の作品である「不壊の白珠」がある。ここでは、二人の女の性格の違いがドラマの基盤になっている。

女性メロドラマの根幹をなしていたのは、少なくとも昭和十年代までは〝玉の輿〟への女性の憧れであった。明治、大正の女性メロドラマはほぼみんなそうである。「不壊の白珠」にもまだその要素はかなり見られる。しかし、職業婦人であることをブルジョアのガキどもから軽蔑的に見られてもタイピストというのは立派な仕事なのだとヒロインの俊枝が思うあたりに、ようやく、女性の生活に対する着実な見方をメロドラマに加味する志向が現れてきたことが感じられる。玉の輿か、堅実な家庭か、虚栄の生活か、職業に誇りを持つ生活か、男に全面的に依存した生活か、女の独立を求めるか、そうした意識が、甘い夢のようにロマンチックな展開の中に現われてくるのである。

城戸四郎が製作した昭和十年代の女性メロドラマの最大のヒット作である川口松太郎原作、野村浩将監督の「愛染かつら」では、ヒロインは子どもをかかえて病院に勤務している看護師である。彼女を見初めるのがシンデレラの王子とも言うべき病院長の御曹司であるところに、玉の輿物語のかたちははっきり残っているが、身分違いということを言いたててその結婚を妨害する彼の家族も、はっきり、古い困った人々として描かれる。ヒロインは、子どもがいることをみんなに隠しているところに古さがあるが、男に全面的に頼りきっているわけではなく、独力で子どもを育てる覚悟はある。

「愛染かつら」は通俗メロドラマの典型的な作品であり、ああいう映画に熱狂するファンのことをミーチャン、ハーチャンというんだ、と、映画史的には苦笑まじりにしか語り伝えられていないが、しかし、当時旧制中学生だった一人の少年が、日記につぎのような感想を記していたという事実もまた、相応に重視されていいと思う。

「映画館を出てすっかり憂鬱になってしまった!……『愛する事と愛される事とが人生最大の幸福である』という意味が明瞭にわかった。そして僕はとつぜん軍人なんか止めてしまえ、高等学校に進んで恋愛を試みよう、と思うにいたった」(色川大吉「ある昭和史」)

こう書いた中学生はやがて歴史家となり、近代の民衆の思想史研究にすぐれた仕事をすることになるわけだが、この少年時代の日記を引用してつぎのように書いている。

「それまで、二度も陸軍幼年学校の入試を受けた私が、きっぱりと軍人志望を放棄し、高等学校の文科に進路を変更した直接のきっかけは、恥かしながらこの映画の感化の中にあったのである。『愛染かつら』に今では感謝さえしている」(同書)

「愛染かつら」がつくられたとき、すでに日中戦争ははじまっており、軍国主義的な気風は一般にみなぎっていたが、そうした世相のなかで、もっとも非軍事的な風俗をなしていたのが映画「愛染かつら」の空前の大ヒットであったことも事実である。私はそのころ小学校の三年生であったが、従姉と母と一緒にそれを見に行った。従姉が母をさそったのだが、そんなことはまったく珍しいことだった。学校では子どもたちまでがその主題歌を歌い、教師も苦笑しながらそれを聞いていた。

とはいえ、「愛染かつら」にはべつになんの反戦的なテーマも含まれてはおらず、むしろ時局に迎合してさいごには主人公が軍医として戦場に行くということになっているくらいであるが、〝戦争よりも恋愛〟という気分が当時そこに結集したかたちになったのも事実である。

じじつ、城戸四郎は当時の映画界の主導的なプロデューサーたちのうち、戦争映画をつくることにはもっとも消極的な人物であった。日中戦争がはじまると、日活はいちはやく、「五人の斥候兵」「土と兵隊」などで日本軍を心から讃美した。これらの作品は、戦争というといつもつくられたキワモノとは違って人間味あふるる芸術的な作品であるという評判をかち得た。東宝は、自慢の近代的な諸技術にモノを言わせて、日本最初の本格的な空中撮影による空中戦映画「燃ゆる大空」や、かつてない精緻なミニチュア撮影による「ハワイ・マレー沖海戦」を大ヒットさせた。戦時体制がすすむと、軍の意向を迎えなければフィルムの配給も受けられないという状況になってきたため、松竹も「西住戦車長伝」などの戦争映画をつくる。しかし、この作品でも、軍は清水宏のような大監督を希望したのに、城戸四郎は新人の吉村公三郎をこれにあてるなど、城戸四郎の方針によって松竹は戦争映画をつくるのにもっとも消極的であった。

一九三九年、映画法が成立して、映画界は完全に国家の統制下に入ることになる。国家統制といっても、実質的には軍の統制下である。この映画法にただ一人反対の論文を発表した映画批評家岩崎昶は逮捕されたが、彼が釈放されるときに身許保証人になったのは城戸四郎だった。また、昭和初期の左翼演劇のもっともすぐれた作家の一人であった久板栄二郎は、戦時中には執筆禁止になっていたが、城戸四郎は彼を撮影所に迎えてシナリオを執筆させた。そのシナリオは造船奨励の国策映画であったりして、残念ながら抵抗の志を貫ぬいたものとは言えなかったし、城戸四郎にも、反戦の思想や左翼の闘士たちのパトロンになろうという意図はなかったと思われる。むしろ思想的には左翼は嫌いであり、昭和初期の傾向映画大流行の時期にも、松竹はその流行に乗ることがもっとも少なかったし、戦後も城戸四郎の指導下においてはついに左翼的な映画はつくらせなかった。一九六〇年になって、強引にその線を突破して世界で最初の公然たる新左翼映画「日本の夜と霧」をつくった大島渚は、その作品の上映を三日でうちきられたうえで松竹を追われた。

城戸四郎は左翼を嫌いだったが、軍の左翼弾圧に対してはすぐれた左翼知識人をかばう態度をとった。一部のすぐれた自由主義的な映画人に対してもそうであった。それは単純に、戦争映画よりも恋愛映画のほうが映画の正道であるという信条からくるもののようであり、戦争映画の製作を強要する軍に対する反発から発した行動でもあるように思われる。

城戸四郎は、恋愛映画で儲けたし、松竹大船撮影所を恋愛映画がいちばんうまくつくれる撮影所につくりあげていた。日活は泥くさい大まじめに力んだ映画をつくるところ、東宝は最新の器材はそろえているが、各社のよせ集めのスタッフで、キメこまかい映画はつくれない、大映などは趣味の低い粗雑な映画しかつくれない、そういう他社が目先の派手な戦争映画で稼ぐのはいいが、せっかく情感ゆたかな恋愛映画の伝統をつくりあげた松竹がそれに追随することはない。おそらく城戸四郎はそう考えていたのだろう。殺伐とした戦争中であればこそ、民衆はいっそう切実にロマンチックな恋愛映画を求めている。その要望に応えられるのは松竹であり、松竹でなければならない、恋愛映画で儲けなければならない。そこでは商魂と自由主義的な思想とが渾然一体となって、ささやかながら軍への反骨となって現われたようである。当時もっとも自由主義的な立場を守っていた映画批評家である飯島正も、城戸四郎が統制官庁や軍との折衝において、はっきり〝戦争映画よりも恋愛映画を〟という信条をもって当たっていたことを認めている。

もっとも、こうした信条を、なるべく貫こうとしたとしても、戦時中に映画会社で製作責任者の地位にあった者が戦争責任の追及をまぬがれることはできなかった。戦後、アメリカ軍が占領軍としてやってきて、戦犯追放の声があがると、城戸四郎はそれを甘んじて受けた。「日本映画傳」ではそれをこう回顧している。

「映画界全体において、もし戦犯があるとすれば、僕が一番重要なポストを与えられていたのだから、僕に全責任があるといっても差支えない、と声明した。大日本映画協会の常務理事を全部追放することになると、溝口健二も監督を代表して入っていたから、追放の圏内に入る。それで溝口はあわを食って、僕のところに手紙をよこした。それから東宝の山本嘉次郎も、『ハワイ・マレー沖海戦』その他戦争物ばかりとっていたから、僕のところに訪ねて来た。そこで、僕が両人にいったことは『絶対に君達に迷惑は及ぼさないから、当局へ出す書類の中には余計なことを書くな、書かなくていい、僕が責任を負うから書くな』といって、監督、俳優、シナリオライターの中からは一人も追放者を出させなかったのだ。

これは僕の意見がすべて百%取上げられたのかどうか知らぬけれども、総司令部の方で有力なる資料になったということは、後で司令部の方にいる人から聞いたわけだ」（前掲書）

おそらく総司令部としては、経営のトップがすべてを決定するというアメリカ的な企業の常識にもとづいて、監督、俳優、シナリオライターには戦争責任なしという判断を下したのか、それらの現場の映画人は早速にもアメリカ的民主主義の啓蒙映画をつくらせるのにも利用しなければならないという判断があったのか、どちらかであったのではないかと想像されるが、そう判断する根拠として、城戸四郎の態度と声明が役立ったことは事実かと思われる。

もっとも、そのために戦後日本映画人の戦争責任の自覚が稀薄になった、とも考えられるが、戦争責任とは本来、勝者から裁かれることによって生じるという性質のものではなく、もっと内発的なものでなければならないのだから、この点で城戸四郎に文句を言うことはできない。彼の追放は一九四七年の暮れから五〇年の秋までであった。

昭和十年代の「愛染かつら」と好一対をなす昭和二十年代における恋愛メロドラマ最大のヒット作は、やはり城戸四郎が手がけた「君の名は」であった。菊田一夫の原作の力が大きいが、監督に大庭秀雄を起用したことによって、通俗的ななりに、甘い流麗なムードのある作品に出来上がった。この映画が大ヒットしたのは一九五三年である。この前年、ライバル社の東宝では黒澤明が「生きる」をつくり、翌年にはやはり黒澤明が「七人の侍」をつくった。

黒澤明の作品は、興行的にも成功すると同時に芸術的な評価も高く、この点、「君の名は」は大ヒットはしたが、通俗ミーハー映画、スレ違い映画（恋人同士がスレ違ってばかりいる）として軽蔑された。城戸四郎はこれに対し、明らかに黒澤明作品を意識しながら、つぎのように「君の名は」を擁護している。

「僕にいわせると、『君の名は』はカメラ・テクニック、テンポ、それと、いわゆる一つのメロディアス・ムードの問題や、ポエティカルな流れから来る甘さを、なだらかに甘いなりに表現していると思う。例はあげたくないが、初めから終りまで力み返っているものよりも、はるかに抑揚のある演出法において、『君の名は』が高く評価されていいと思うのだ」（前掲書）

「初めから終りまで力み返っているもの」というのが黒澤作品を指していることは明らかであろう。

城戸四郎は恋愛メロドラマと小市民人情写実映画一筋に生きぬいた大プロデューサーであり、それ以上でもそれ以下でもなかったが、そこに日本の保守思想のもっとも安定的な情緒の砦があったことはたしかである。

田坂具隆、入江たか子と「月よりの使者」

一九三四年、昭和九年の新興キネマ作品、久米正雄原作、田坂具隆監督、入江たか子、高田稔主演のメロドラマ映画の名作「月よりの使者」を、澤登翠の弁士説明つきで見た。

澤登翠はこのところずっと、毎年の暮れに新宿の紀伊國屋ホールで無声映画説明の独演会をやっており、いつも満員の客をたんのうさせてくれているが、二〇一五年に彼女が口演したこの作品はなかでも有意義であった。というのは、戦前の日本映画のなかでも、女性映画、恋愛映画、メロドラマなどと呼ばれる分野では、名作と定評のある作品の多くが失われているからである。

とくに村田実、溝口健二、田坂具隆、石田民三など、日活や新興キネマでの仕事の多い監督たちの作品がそうである。女性映画と言えばまず松竹大船撮影所が目立ち、そこでは島津保次郎、小津安二郎、五所平之助、吉村公三郎、渋谷実、木下惠介、中村登とつづく女性映画の名手たちの定評ある作品の多くが保存されている。

だからなんとなく、いわゆる大船調の流れさえ追跡すれば日本の女性映画のありようは摑めるという気がするのだが、じつは大船調というのは、それを主導した大プロデューサーの城戸四郎が繰り返し明言しているとおり、極端に進歩的だったり、極端に保守的だったりすることを避け、甘い善意や詠嘆でドラマを解決するということを基本としてやってきたものなのである。

それに対して、撮影所、あるいは会社としてそういう方針を持つことがなかった日活はそういう原則に縛られる傾向が少なく、監督が時流をとらえてがんばれば、ある程度まで左翼的な〝傾向映画〟を作ることも可能だった。溝口健二などはそれで政府の検閲でズタズタに切られるところまでゆく作品さえつくることができた。

大船撮影所の場合は、城戸四郎の方針で思想的にそこまでゆくことは避けた。優秀な監督たちはそれで欲求不満を感じたかといえばそうでもなかったようである。というのは、その分、表現上の欲求は心理描写の緻密さとか、日常生活のリアリズム描写のキメ細かさ、ユーモアの豊かさという方向に発達して、その面では世界でもあまり類のないデリケートな表現を追求できたからである。

その最高峰が小津安二郎であることは言うまでもないし、小津は後輩の木下惠介が「日本の悲劇」などでともすれば思想的、政治的に大船調の枠を超えそうになると、「客にジャリを食べさせてはいけない」というような言い方でたしなめてもいた。

女性映画、恋愛映画、女性メロドラマなどの分野で、ただ甘いラブシーンで客を愉しませるだけでなく、女性差別への批判から、女の男に対する反抗まで、果敢につっ走って行ったのは日活育ちの溝口健二である。

彼は松竹でも女性映画は作ったが、それは大船撮影所よりも京都撮影所で主にやったことだし、日活でやれないときには新興キネマや第一映画などの中小撮影所で主にやった。それらの撮影所に進歩的な思想があったというわけではなく、むしろ無思想だから当時としては大監督の主張が通りやすかったのだと思われる。

溝口健二のようなフェミニズムの傾向だけでなく、もっと単純な西洋崇拝でもそうだったのではないか。松竹大船の女性映画と言っても、アメリカ映画でグロリア・スワンソンとか、グレタ・ガルボ、マレーネ・ディートリッヒといった大スター女優がよく演じたような、女がだんぜんいばっていて、男はその前でひざまずきかねないようなお芝居を要求される映画が大船撮影所で主に作られていたわけではない。日常生活的なリアリズムをとくに発達させていた大船調映画では、家庭における女性の地位というようなことは、それなりにリアリズムで描いていたのである。だからこそ、その中から小津安二郎が現れ得たのである。ただ、女性の立場は同情的に描かなければならないということが城戸四郎が定めた大船調の鉄則であった。そこから大船調は一定の形式が構築された。ヒロインとは同情される純な女、かわいい女であって、男から仰ぎ見られる女とは違う、ということである。もちろん例外はある。

当時まだ西洋かぶれの作家だった谷崎潤一郎の原作による島津保次郎監督の「お琴と佐助」（一九三五）である。ヒロインの春琴（田中絹代）は男をひれ伏させずにはおかない驕慢な女性であり、そのために自分がバカにした男から復讐されるのであるが、それでも彼女は男からの同情などほしがらない。

このヒロインのキャラクターは明らかに大船調の枠を超えている。だからというわけでもないが、当時この作品は賛否半ばする問題作と見られて論争をまき起こした。純情可憐というタイプで売り出された田中絹代では無理な役だったと言うべきか。

可愛いというのとは違う、多分に驕慢の要素の強い女性を演じることができたのは、当時としてはまず岡田嘉子だった。そして彼女を最もよく演出できた監督は日活現代劇の主軸だった村田実である。ただ、この二人の主要な作品は殆ど残っておらず、とくに二人が真っ向から組んだ作品は全く残っていない。だからこれ以上推測を重ねてみてもあまり意味がない。

岡田嘉子は撮影中に相手役だった二枚目男優と駆け落ちをやったというスキャンダルで評判になっているのであるが、のちの彼女の回顧録によれば、それも村田実の一方的な演技指導にハラを立てていたということが大きな理由だったそうで、とても女は従順であるべきだなどという当時の常識の枠の中におさまる人ではなかったようである。

そして村田実も新劇出身であり、新劇では西洋の芝居を西洋人のままの扮装でやっていたくらいだから、映画でも西洋の女の自我の強さを日本の映画にもある程度まで直接的に移植したいと思っていたと思われる。

田坂具隆から遠く離れた話をしているようであるが、じつは彼は一九二四年に二十二歳で日活大将軍撮影所に助監督として入り、村田実監督の助手もしているのである。

田坂具隆作品で現在も完全なかたちで見ることができる有名なものには「五人の斥候兵」「路傍

の石」（一九三八）、「女中ッ子」（一九五五）、「五番町夕霧楼」（一九六三）などがあり、いずれもきわめつきの生真面目な作品である。一場面一場面、じつに丁寧に作られていて、ときに丁寧すぎて映像的な飛躍や遊びがなさすぎる、だから退屈でさえもある、などと私など勝手なことを言っていたものである。

しかしこの田坂監督には、一般にあまり知られておらず、ベストテン投票などでは殆ど相手にされない小品のなかに、びっくりするようなモダニズムの遊びがあることも私は知っていた。

一九二九年の「愛の風景」と、一九五九年の「若い川の流れ」がそれである。全てに生真面目で誠実で頑固一徹で、教育的なテーマ性がぎっしりつまっているはずの田坂作品なのに、なぜかこの二作品は、たわいがないと言いたいほど内容がなく、ただカメラワークや場面のつなぎのお洒落な品の良さだけでうっとりさせられたからである。たぶんこの二作では、田坂具隆は映画青年時代に憧れたアメリカやヨーロッパの映画の、お洒落で品のいい映像感覚の夢にひたっているのである。

日本の女性映画、恋愛映画、メロドラマの流れの中には、大船調に代表されるような穏健な日常リアリズムの流れの他に、もっと直接的に西洋に結びつきたいと憧れる流れがあり、それの中核をなしていたのは村田実とその弟子としての田坂具隆だったに違いないということである。

村田実には、戦前としては例外的に恋愛映画であると同時に反戦映画だった「清作の妻」（一九二四）があり、また、日本では日本映画もついに西洋の映画に劣らない水準に達した、と、当時の批評家やファンを感動させた一九二五年の「街の手品師」がある。ただしこの作品は、それで大喜びしてヨーロッパに持ってゆくと、どこに持って行ってもただ、西洋の真似にすぎないとバカにされたのだった。しかし私は、作品が残っていないから見ていないにもかかわらず、これは本当に高い水準に達していたのだと信じたい。これを酷評した西洋人たちは、じつはそこに映されていた風俗が西洋のもの真似だったことからくる違和感を超えることができなかっただけなのではないだろうか。

この違和感からくる嘲笑に正面から反発していると大和魂の賛美みたいなところに行きつく恐れがあるから、それはそれとして脇に除いておいて、私はむしろ、それでもなお、おめず臆せず西洋への憧れを純粋に保とうとした作品として、村田実の弟子の田坂具隆の「月よりの使者」を賞めたいのである。

ああ、やっと「月よりの使者」の話にたどりついた！

ではこの映画のどこが西洋の真似か。

分析に入る前に、とりあえずストーリーなどの概略を述べよう。

これはまず、当時、昭和一ケタの頃に日本映画の最高の美人スターとしてトップの人気があった入江たか子の映画である。

貴族の家の生まれで、品が良くて本当にきれいだった。和服でもいいが、洋装になるとそれまでに彼女に匹敵できる女優はいなかった。

弱々しくてなよなよした女の役が多いので、男たちは彼女を守るヒーローになりたいという夢を見る。しかし、いま残っている彼女の最も古い作品である「瀧の白糸」（一九三三）では、水芸の一座の座長で貫禄もあって、向学心あふれる貧乏な青年のパトロンになり、彼に学資を出すために高利貸にひどいめに遭って逆に殺してしまう。そんな強烈で強靱な役もやっていて代表作にしている。

お上品な女優だからなよなよした役を与えなければならないという日本映画のプロデューサーたちは考え方が偏っていたのだ。

ただし、「月よりの使者」ではまだ、彼女の役はとくに弱々しくなよなよしたものではない。彼女の役は野々口道子。上流階級の令嬢である。彼女には北原という恋人の男性がいるが、彼は当時不治の病とされていた肺病をわずらって湘南海岸に転地療養している。道子は母親から他の男との結婚を迫られていて、湘南海岸に北原を訪ねてゆく。北原が道子を愛していると言えば、その言葉を信じて母親からの縁談はことわるつもりである。しかし北原は、道子の前で二人で一緒に写した写真を破って捨てる。自分の肺病が治るはずはない。結婚の約束をしても彼女を不幸にするだけだ、という判断からである。

で――母のきめた相手との結婚式の運びになるが、その式場に、湘南海岸からの電報がとどく。

「キタハラ、キカノナオヨビツツケサシス」。北原、貴下の名を呼びつつ今朝死す。

というのである。道子は急いで駆けつけ、北原が彼女への愛を綴りながら死んだことを知る。道子は自分が北原の愛に対して誠実でなかったと恥じて、母の要請でした結婚は解消し、肺病の患者を助ける仕事につくために看護師の訓練を受けて、信州の高原の療養所に就任してやってくる。

ここでストーリーの運びとは関係ないが素晴らしい場面がある。道子が療養所の近くまで歩いてゆくと、療養所の中から同僚の看護師が走ってきて、二人はそれぞれ片手を前に出して握り合い、それでぐるっと半分廻って抱き合う。その動きがとても軽快なので、見ていてちょっと気分が軽やかになるのである。全体に結核患者の絶望と死とか、それにともなう悲劇的なエピソードの多い作品であるだけに、この場面が軽快なタッチを持っているのがすこぶる印象的である。観客の涙はしぼれるだけしぼることで稼ぐ悲恋物語でありながら、必要以上に感傷に溺れさせるつもりはないと軽く呟いているかのような監督の意志も感じて爽やかな感じもするからである。

似たように映像的にスタイリッシュな趣向をこらしている場面がこのあともいくつかあり、この作品をあまり安易にお涙頂戴だと片づけるのはよそうという気持ちになる。

この高原の療養所で道子は三人の患者から同時に恋されるうえに医者のひとりからも惚れられる。この四人の恋のありかたはみんな違う。

スターである高田稔が、弘田進という性格のいい金持の息子を演じているが、彼が道子の恋人の本命である。まじめで軽いユーモアのある会話もあり、高原の美しい風景を背景にしたロマンチックな情景もあって、これがさりげないラブシーンになっている。ただし愛のささやきとか抱擁といったものはない。もちろんキッスなどは当時の検閲で禁止されている。看護師と患者が職業上の必要を超えたつきあいをするのは好ましくないという院長の言葉がその裏づけになっている。

患者で道子に憧れている二人目は菅井一郎が演じる画家の戸塚。菅井一郎はのちのちまで脇役として一流だった俳優である。この作品では道子にモデルになってもらってその肖像画を描いている。弘田の良い話相手でもあり、恋敵というよりは良識ある男たちが女性を讃美し合うという従来にあまりない会話を成り立たせるために登場するような人物である。

あるとき弘田は戸塚の描きかけの、道子の肖像画を見ながらこう言う。

弘田「戸塚君――この絵が完成したら僕に下さいませんか……たのむ」
戸塚「いや……折角、僕の憧れの天使を部屋に飾ろうとしているのに、君、そいつはひどいよ」
弘田（後ろ向きに）「だめか」
戸塚「いいよ」
弘田「本当か？」
戸塚「ああ……やるよ……ただし今はあげられないよ――君をウルサイ噂やねたみの渦中に立たせることになるからね」

弘田「ありがとう……うれしいよ」
戸塚「進呈の時期は十月だ。花が咲いたら――お祝いに贈るということにしよう」
弘田「うん、ありがとう」
戸塚「……（絵を見る）……」

秋は日毎に深まり十月となった。

戸塚「どうかな」
弘田「お早よう　早いね」
戸塚「お早よう　おそいね――弘田君」
弘田「いいね」
戸塚「うん」
道子の肖像画。
戸塚「いよいよ君は下界へ行くという話じゃないか」
弘田「ああ」
戸塚「また親父さんの鞄持ちで、重役会めぐりとやらにユーウツになっている君を、いっぺん拝見してみたいね」

弘田「ひどく気が進まないんだけどね……戸塚さんにこれから淋しい思いをさせると思うとさ」
戸塚「こら……ハハハ。君なんかいなくたって平気のチャンだが、君といっしょにあの白衣のマリアもいなくなると思うと、こいつ、いささか、しょげざるをえんわけだ」
弘田「戸塚さん、第三者として公平に考えてどう思う？　あの人はぼくが退院するまでにぼくの申し出をうけいれてくれるだろうか、どうだろう？」
戸塚「何だって、君はまだそんなに自信がないかい」
弘田「うん」
戸塚「そんなのなら、あの人をぼくにでもゆずって下界へおりたまえ。あわい思い出だけを記念にね」
弘田「それはひどいな」
戸塚「僕だって木石じゃないからね。これでも自然と人生から美を求めている画家の端くれ、惚れるべきものにはまさに惚れるよ」
戸塚「それにあの人に惚れているのは君や医者のレントゲン氏や哲学者の橋田君ばかりじゃないよ」
戸塚「この病院の男性なら、院長から掃除人諸卿にいたるまで、あの人には好意を持っているんだからね」
戸塚「だからもし、あの人を得ようとするなら、場合によっては、この病院全体を敵としなけりゃならないってことだ」

弘田「こわいもんか！」

長い引用になったが、これは弁士の澤登翠が、説明用に新たに執筆した説明台本を借りてそこから写したものである。セリフの長いものは映画では字幕になっているが、元の説明台本といったものはそもそも存在しないので、澤登翠自身がフィルムと原作の小説を参照しながら書き加えている。もともと無声映画は日本ではそのようにして上映されていたのである。

さて、なぜこの部分を長々と書き写させていただいたか。日本の映画や演劇で、これだけ明けっぴろげに、男たちがひとりの美女を賞め讃えたセリフもあまりないと思うからである。

歌舞伎には遊女を讃美するもっと華麗な名セリフがあるかもしれない。しかし堅気の女性への礼讃では「万葉集」以来ではないか。それがなぜ無声映画で復活したかといえば、アメリカやヨーロッパの映画ではそれが普通だったからである。

だいたい日本では、男と女が一緒に労働した農村以外では、男たちが女を見つめる場も機会もなかった。遊郭以外では。だから歌舞伎の恋愛ものは主として遊女をヒロインとして成り立っている。遊女は尊敬されない職業だから、敬意のこもったセリフを必要としない。

小津安二郎の一九三五年作品に「箱入り娘」というのがあった。大事な娘だから、うっかりヘンな男に誘惑されないように箱にでもつめて保存しておくように外には出さないようにしておく娘という意味である。

そんな言葉が通用していたほど、昭和の戦前までは、結婚前の娘は家の外にはなるべく出さないというのが良家の常識だった。

職業について会社などで働いている女性は職業婦人と差別的に呼ばれ、それだけで貧乏人と見られる傾向があった。例外は教師や女医であり、昭和初期になるとバスの車掌や看護師がこれに加わる。

そして昭和十年代の日中戦争、太平洋戦争の時期に、箱入り娘たちもみんな工場などに動員されるようになると、この言葉自体が死語になった。

当然のことながら「箱入り娘」たちには恋愛のチャンスは限られている。

「清作の妻」（一九二四）とか「村の花嫁」（一九二八）とか、農村を舞台にした恋愛映画の名作はいくつかあるが、映画はとかく都会を描きたがる。

しかし都会では、じつは男が女をまじまじと見つめていい場は、遊郭か、劇場か、上流家庭の子女のお見合いにはじまる社交の場ぐらいのものなのである。

戦前の日本の恋愛映画の名作が、前述した農村もの以外には、溝口健二の「瀧の白糸」（一九三三）や「残菊物語」（一九三九）のような劇場や芸能人を扱ったものに集中しがちになるのは止むを得ないのである。ただそこでは、恋愛もとかく男性優位的になりやすい。

この昭和初期の時期に看護師をヒロインとする恋愛映画が二本現れてどちらも大きな評判を得た

ことは特筆に価する。その一本がこの「月よりの使者」であり、もう一本は「愛染かつら」（一九三七）である。

看護師は特に尊敬された職業ではないかもしれない。しかし真面目な立派な職業であり、ベッドに横になっている患者にとっては助けを求めて見上げる位置にいる。じっさい、苦しいときには天使のようにも見えるわけだ。

「月よりの使者」とは天使を暗示するような題であるが、この映画のヒロインの道子は、まさに天使への道を歩んでいる。だからその気高さを男たちが讃美し礼讃する。

男たちの礼讃は遊女をニヤニヤ見較べながら品定めをするのとは違うまじめなものである。日頃堅気の女性と真面目に接する機会の乏しい日本の男たちには女性の気高さを讃えるという習慣は乏しいから、その言動は身についた自然なものではなく、西洋の映画の真似みたいなものになり、不自然なキザなものになることはまぬかれない。しかしこれは、どんなにキザでも日本の社会の近代化のためには避けて通れない道なのである。

田坂具隆監督は、このキザな女性礼讃を決して無雑作にやっているわけではない。真剣にやっているのである。信州の高原地帯の風景としての爽やかさがそのひとつであり、そこでの登場人物たちの動きの整然とした様式性もそうで、映像として格調が高い。

そしてもちろん、入江たか子のヒロインぶりが素晴らしい。美しいだけではなく、感傷にも流されず、毅然としているところが素晴らしい。

「月よりの使者」が新しかったのは、それまで日本人が口にすることがなかったような、まるで西洋の映画のような男女の愛の言葉をヌケヌケと使ったことであったと思う。

高原の療養所の患者たちのなかにはとくにヒロインの道子への愛をはっきり表に出している男が三人いる。

ひとりは彼女をモデルにして肖像画を描いている画家の戸塚。ただし彼は、彼女の心が自分も親しくしている明朗快活なブルジョア青年弘田進のほうに大きく傾いていることをすでに知っていて、二人を応援する気持ちになっている。

もうひとりは橋田という男で、この男から求愛されると彼女は、「あなたがちゃんと療養に努力して健康になれば、お嫁にでもなんでも行ってあげますよ」と軽く言って逃げる。するど彼は、「そう言うのは僕が決して本当に健康になることはないと分かっているからでしょう」と絶望的に言って彼女を反省させる。

たまたまこの二人に会ったあとで彼女は互いに好意を持っている弘田進に会う。

澤登翠の説明台本ではつぎのようになっている。文中（T）とあるのは字幕でそう出るところである。

彼女の内に育まれた愛は唯ひとりにだけ向けられていた。
その人にはサナトリウムに来る前の悲劇をすべて打ち明けていた。
（弘田来る）
翼ある天使があなたを見たなら
森陰に身を隠すだろう
あなたの魂が光となるから
（T99）「私ね、笑っちゃいけませんわ、今日もう、二度も結婚の申し込みを受けましたの」
「そうですか」（ちょっと間）
（T100）「それじゃ、僕を入れるとこれで三度目です」
「まあ」（ちょっと間）
（T101）「もしあなたがそのお二人にお約束がすんでなかったら」
（T102）「最初の方には、私は院長先生のものですってお断りしましたわ」
「ほほお」
（T103）「それで、その第二のひとには……？」
（T104）「ご病気がすっかりよくなってからと申し上げて大変叱られましたの」
（T105）「すると第三の男に対しては何と言ってお断りになるんですか！」
（間）（滝）

（T105）「過去がなんです！」

（続いて）

（T106）「愛してるってことが……」

（T107）「第一ではありませんか」

「お互いの過去に依って愛が失われはしない」

「お互いの過去に依って愛が失われはしない」

「聞こえるでしょう、滝の音が……

水は何ものにも妨げられず
己れをまっとおする
愛もまっとおされるべきです」

「道子さん、愛しています」

「弘田さん」「弘田さん」「道子さん」

（T108）「私と結婚すると言って下さい」

（T109）「弘田さん」（言わない）
・我らに愛の時をゆるせ
・木々よ草よ大地よ
愛よ高原よ風よ、

我らに恋の逍遙を与えよ。

「愛している」という言葉が、会話字幕としてはっきり日本映画に現れた、刻み込まれたということが重要である。無声映画時代のフィルムの多くが失われているので、それらの作品を見てもいないで他の作品にはなかった、と断言することはできないが、私の記憶するかぎりではそうである。

愛という言葉は確かに古くからある日本語である。しかし元々は、「愛《いと》しい」とか「可愛《かわい》い」という言い方で使われていたのであって、「愛《あい》」という単独の観念や思想を示す言葉として用いられていた例は、日本語乃至日本の古い文学の専門家ではない私は知らない。そんな私に単純に言えることは、「かわいい」という言葉なら全く日常語で、いつでもポンポン使っているし、とくに近年は流行語にさえなっている。

どうも日本人は、身近に「愛する」人はあまりいなくても、「かわいい」人やモノはぜひほしいと感じる傾向があると思う。

では「愛する」と「かわいい」はどう違うのか。「愛する」には尊敬の意味合いが含まれているのに「かわいい」にはそれが乏しいか、せいぜい尊重程度しか含まれていないということではあるまいか。

その程度の違いならたいしてこだわることもないのではないか、とも思うが、恋愛か結婚かというような問題になるとそこにこだわりが生じる。

「かわいい相手」であれば当然結婚できる。しかし西洋人のように「愛する」と言えないと結婚できないというのであれば、そんな難しい相手とは結婚しなくていい、という男が日本には多かったのだ。

「愛します」と言って多少なりとも女を見上げるのは困る。「かわいい」と言って多少なりとも見下げることが可能でないと結婚相手とすることは難しい。そういう男たちの気持ちが、「愛する」という言葉に違和感を持たせ、知ってはいても使用するのにためらいを持たせたのだ。

英語のＬＯＶＥはとりあえず愛という言葉に訳されたが、そこにはキリスト教の教会で絶えず使われる神の愛のＬＯＶＥの語感はぬけている。そのニュアンスの違いに日本人は敏感だったと言えよう。なにかそれでは実感が伝わらないと感じたに違いない。

もちろん、西洋の新思想としてのＬＯＶＥを日本に伝えようとした人々もいた。

早くも明治期の思想家北村透谷は、恋愛こそは西洋新思想の核であることを見ぬいて熱狂的な恋愛賛美論を書いたし、大正時代には哲学者の厨川白村の恋愛至上主義を鼓吹した「近代の恋愛観」がベストセラーにもなっている。

知識層の文学として現れた純文学では、明治末以来、従来の歌舞伎や大衆的な読物などに描かれた色ごとの感覚と、西洋から入ってきた新思想のひとつとしてのＬＯＶＥとの矛盾をどう埋めるかということが島崎藤村をはじめとして大問題だった。

「月よりの使者」の原作者の久米正雄は、菊池寛や芥川龍之介などと一緒に夏目漱石門下から純文学作家になり、まもなく大衆文学に転じた人である。

大正末期からはじまった初期のいわゆる大衆文学には、新講談と呼ばれる講談を現代語に焼き直した時代ものが主流だったのだが、菊池寛や久米正雄は、そこに大胆に現代の物語とテーマを持ち込んで評判になった。とくに恋愛を、従来の歌舞伎のように一方的に女を弱者と見てその悲哀や抵抗を書くのではなく、彼らがすでに原語で読んでいた西洋のラブロマンスなどを参考にして、すでに自我の目覚めを持つか、さらにはそれ以上のヒロインたちを日本に甦らせたことが大きな功績と言えるのではないか。

「愛しています」という、それまでまず日本の男が女に対して言ったことのはずのない言葉が使われていることが重要なのである。

当時の日本人なら誰でも知っているが、いざ発言するとなると、一生に一度も言いはしない人が大部分であったに違いないこの問題の言葉、「愛しています」を言わせるために久米正雄は相当な工夫をこらしている。

まず主人公が肺病であること。肺病はかつて国民病と呼ばれるほど患者が多かったが、若くして発病して青春期をそれで過すことが多いせいか、悲恋物語として語られることが多く、不治の病とされたために、大成したらと惜しまれ、ロマンチックに追憶されることが多かった。高杉晋作、樋口一葉、石川啄木が肺結核だったのだからそうも言いたくなる。

国民健康保険のなかった時代には、患者はだいたい自宅療養で、経済的にもたいへんだった。空気のいい高原での転地療法が良いと言われたが、それができたのは金持に限られるから、信州の高原の療養所を舞台にしたこの小説は、男はみんな豊かな人々であってもおかしくなく、初期の大衆文学で主人公の男はだいたい経済的に豊かで、ヒロインを玉の輿に乗せるというストーリーをつくるのに都合がいい。しかもたくさんの男がヒロインをめぐって行動するという、日本では成り立ち難い状況を設定できる。

当時の日本では農民を別にすれば結婚前の女性はだいたい家の中に閉じこめられていた。外に出て働くといっても売春を別とすればあまり自由な時間など持たない女中さんぐらいだ。多数の男たちと出会う機会があって、つまり惚れられる、見初められることがふえるのは、会社などの事務の仕事がぐんとふえるようになってからであり、教師、バスの車掌、そして看護師などの職業が一般化してからである。それはだいたい昭和になってからと考えれば、それ以前には農村以外ではラブロマンスを成立させるのは、実際上、かなり無理だったのである。

じっさい、江戸時代に栄えた歌舞伎の恋愛ものの傑作は殆どが遊郭を舞台にした悲恋ものであり、つまりは心中ものである。

堅気の若い女たちが多数、社会に出て、その職場で男たちとも公然とつきあうようになる。こうしてはじめて本当のラブロマンスが生まれるようになるのである。なかんずく久米正雄が看護師をラブロマンスのヒロインとして選んだ着目はマトを射ていた。

女が社会に出るようになったといっても、その地位は低かった。彼女達は昭和初期の当時には職業婦人と呼ばれたが、それは多分に差別語だった。しかし、女教師や医師は敬意を示されやすい職業として希望の星だった。映画でもよくとりあげられている。

看護師はどうだろうか。特別に尊敬される職業ではなかったかもしれないが、病床にある患者からはしばしば文字どおり仰ぎ見る天使であってもおかしくない。

「月よりの使者」という題自体、看護師を天使にたとえているわけであるが、女性を天使のように仰ぎ見ることこそは西洋から入ってきた新思想としての騎士道物語的ラブロマンスの核心であった。

純文学出身の久米正雄は、大衆文学に仕事を移すに当たって、看護師に着目することによって、天使として仰ぎ見られる女性をまず設定し、このヨーロッパのメロドラマのいちばん正統の、騎士道物語的貴婦人崇拝のパターンを、看護師を貴婦人とすることで日本に甦らせたのである。

こうした条件のつみ重ねの上で、はじめて彼は、「好き」とか、「結婚して下さい」ではなくて、「愛しています」という言葉を書けるのである。

しかし、さてここで問題が生じる。弘田には以前婚約していた弓子という女性がいるのである。彼が結核療養をするようになる過程で彼女の母親の反対や彼女の態度に対する彼の疑問なども生じて彼の愛は冷め、婚約は解消していたのだが、じつは弓子のほうでは進をあきらめていたわけではなく、むしろ執着がまして妹と一緒に家出して高原の療養所にやってきて、もう実家には帰れないと言う。

弘田進の心はもう野々口道子一筋だから、弓子に会うことを避けて道子を駆け落ちにさそう。道子は弓子の純情さを知ってすまないと思い、自分は身を引こうかとも迷うが、弘田に説得されて駆け落ちを承知する。

ところが、ここに悲劇が生じる。病気が治る見込みのない自分は道子の愛を受ける見込みもないと絶望した患者の橋田が絶望して自殺するのである。その死を見守りながら、途中からぬけ出して弘田進が待つ駅の列車にかけつけることは彼女には出来ない。

事情を知らない弘田は黙って去り、弓子は道子に教えられて彼を追う。道子は恋を遠慮するのである。日本の恋愛メロドラマのヒロインにはこの遠慮という要素が必要で、自分の幸福しか考えないヒロインはわがままなエゴイストとされるのだ。

こうしてエゴイスト（?）にだけはなれなかった道子は、何年かのちに高原の療養所を辞任して去り、ある海岸の療養所に勤務することになる。ところが着任するとすぐ、近くの金持の家の奥様が重い病気なので、つきそって介護するようにと命じられる。

そこでその邸宅に行くと、病床にある夫人は弓子なのである。その夫は弘田進だ。彼は自分は道子に見捨てられたと思い、失望して元の婚約者の弓子とヨリをもどしておとなしく結婚したのだが、やはりうまくいっていない。そして思いもかけない再会を果たした進は、これを運命と信じてもう決して彼女を離すまいと心に誓う。道子はそうなることをいちばん恐れている。

しかし進は一途に道子に迫ってくる。これは不倫である。弓子をどうするか。

進が道子を呼び出してこっそり会っているとき、道子が弓子のことを気にすると、進は――

（T213）「あなたはなぜ、そんなに弓子にこだわるのです」

（T214）「僕は弓子の存在をのろいたくなってきた」

（道子、弘田、弓子のカット）

（T215）「それではあなたは……奥様の死を待っていらっしゃるのですか？」

（T216）「正直に言えばそう言えます。そこまで考えつめているのです」

（ちょっと間）

（T217）「それでは私は……たまらないじゃありませんか」

（T218）「私はとてもそんなことを考えていらっしゃるあなたのおそばになんかいられません
わ」

（道子足早に行く）「道子さん」「道子さん」「待って下さい」

（足跡、砂山）
・海は応えず、
・奇しき再会は、弘田の情熱を再び燃え上らせた。
この場面は海辺の砂浜で演じられるが、砂浜に刻まれる足跡などを映像として巧みに使ってモダーンなシーンになっている。
また、このとき道子は青酸カリの小ビンを持っているのだが、それを砂浜に落とすということが、このあと、物語がややミステリー的な展開をするうえで重要な意味を持つ。

道子がお屋敷に帰ると、弓子が青酸カリで死んでいるのである。弓子は道子がかつて進の崇拝する恋人であったことを知っていた。警察はまず道子を犯人として疑う。彼女は青酸カリを持っていたし、いまそれがない。

弘田進は道子をかばおうとする。しかし道子は逆に進をかばう。そして言う。

（T238）「私がわるうございました。……どうぞ……私の罪なのでございます」

・自分の存在が弓子を死へ追いやったのではないかと道子は自らを責め、すべてをその身に負い、引かれてゆくのであった。それは秋たけなわの十月であった。

監房

・弓子は自分のことを恨んでいたのではないだろうか。そうであるなら、自分が罪を負うべきだ。それが死者に対する人の道である。

十万遍照の月のみが、自分を支えてくれるだろう（この一行は原作からの引用）。

こうしてしばらく女囚刑務所の場面がある。刑務所内で出産する他の女囚のエピソードなどもあって憐れである。
弘田進は家も地位も捨てて刑務所に面会に来て、ホームレスのようにして近くに暮らして道子を慕う。そして道子が北海道の刑務所に移されるために雪の道に整列させられたときに、役所から一通の通知がくる。
じつは弓子は自殺だったことが明らかになったのである。弓子は遺書をインドに行っている妹のところに送っていた。

（T256）「私はなんという愚か者でしたでしょう。思えば私こそお二人の幸福を知らずに奪って邪魔をしていたのでした。野々口道子さんが、良人の日記にしるされた竜胆（りんどう）の花であり、高原病院で私に良人の宿を教えて下さった『月よりの使者』であったことに今こそ思い当りました」
（T257）「今私は誰をも怨まず、ただ因果応報と言うようなことを感じて、淋しく、しかし満足して一人で死んでまいります。一時も早く良人とその思う方の幸福を祈るために

――

ではさようなら――」

こうして道子は釈放され、晴れて進と結ばれて、目出たし目出たしという終わりになる。

この物語の後半は、偶然の出会いなど、現実にはありそうにないことが多すぎていかにも通俗的だし、田坂具隆のけっこう格調の高い演出にもかかわらず、これがヒット作ではあっても芸術的には殆ど評価されなかったのも仕方がないかもしれない。ただ、キザであることを恐れることなく、西洋的な恋愛メロドラマを思いっきり追求したことを私は評価したい。

西洋的なメロドラマの核心にあるのが貴婦人崇拝であることは言うまでもないが、これは女性は万事にへり下った態度をとっていなければならないという日本の封建時代の考え方とは真っ向から衝突する。その衝突を避けるために、道子は、そして弓子も、じつは自分の幸福の追求にはじつに遠慮深い。

道子は自分が進と駆け落ちしたら許婚者だった弓子に悪いと遠慮して進についてゆくことをあきらめるし、弓子は弓子で、道子の存在に気づかずに進を彼女から横取りしたかたちになったのが申しわけないと言って自殺する。この過剰な申しわけないという態度が、恋愛という勝手なふるまいに身をゆだねたことについての彼女たちの弁明なのである。

そして観客は、それだけ分かっているのならもう西洋流の恋愛というわがままなふるまいも許さないわけにはゆかないだろう、ということになるのである。

西洋流の貴婦人崇拝という日本人にとってはいささか異様な慣習を受け容れるためには、そこまで工夫を重ねてそれに似た物語を作り、それをうんと魅力的に仕立て陶酔する必要があった。

映画「月よりの使者」はその試みに成功した美事な一例であり、そんな例をいくつも重ねることで日本の結婚のありかたもある程度西洋化したのである。

若者が黙っていても、親や親戚の目上の人たちがきっと適当な結婚相手を見つけてきてくれるという時代がそろそろ終わり、都会に出て行った若者は田舎の親が結婚相手を探してくれることをもうそろそろ期待できなくなってきた正にそのときが昭和初期である。日本人にとっては、アメリカ映画などに見る自由恋愛がまだ少々異様だった頃、その真似の仕方を身につけるには、まずその自由恋愛なるものの基本形としての騎士道物語的貴婦人崇拝から真似してみなければということを模範的に実践したのが「月よりの使者」的な恋愛映画である。

それが相当な成功をおさめたことを私たちは認めるべきだろう。と同時に、それが未だにいっこう身についたものにはなっていないこともまた認めなければならない。

日本男子は今でもやはり、弱者としての可愛い女の子になら安心して言い寄れるけれども、ひざまずいて仰ぎ見ることを求める天使のような女性に「愛している」という翻訳語で語りかけるのは面はゆくて仕方がないのである。そんなしんどい自己訓練をしなければ結婚相手が得られないくらいなら結婚なんてしなくていいと思って生涯独身を通している立派な男たちがたくさんいるのである。少子化にはそのせいもあるかな？

石坂洋次郎の「暁の合唱」と日本の結婚の良識

東京神田の神保町シアターという映画館が、もう何年も前からであるが、日本映画の古い作品の上映をやっている。よく再上映される名作もやるが、それだけでなく、フィルムセンターや映画会社の倉庫に保存されているだけで、よほどなにか、とくべつな機会でもないと上映されることもない古い忘れられた佳作が、ここで行われている特集番組でよみがえる。

たとえば二〇一五年九月から十月にかけての特集「松竹１２０周年記念、百花繚乱——昭和の映画女優たち」で、私は一九四一年の清水宏監督の「暁の合唱」を見ることができた。

清水宏は日本映画史上の巨匠のひとりであるが、特に有名なのは「有りがたうさん」（一九三六）や「按摩と女」（一九三八）「小原庄助さん」（一九四九）などのロケーション本位の写実的で情感の豊かな作品と、「風の中の子供」（一九三七）から「蜂の巣の子供たち」（一九四八）「しいのみ学園」（一九五五）など、子どもを扱った作品である。そしてそれらは批評家たちにもよく論じられている。しかし清水宏が、これらの商売っ気の乏しい野心的、実験的な作品を作れたのは、松竹の蒲田＝大船時代に、この撮影所の得意とした女性メロドラマの分野でちゃんとした商売になる作品をたくさん作っていたからだと言われていた。製作責任者だった城戸四郎は、のちに清水宏が大船撮影所の所員たちから排斥された事件について私が質問したとき、「ぼくがひいきしすぎたことが悪かったのかもしれない」と、それだけ言葉少なく言っていた。だから私は、それらの作品はレベルの低い商売映画だったのだろうと思い込んでいたもので、見る機会がなくてもあまり気にしていなかったものである。

しかしのちに、「不壊の白珠」(一九二九)や「家庭日記」(一九三八)などを見ることができ、メロドラマといっても清水宏のは別格ではないか、通俗映画と言ってひとくくりにして見捨てていいものではない、と思うようになった。そして見た「暁の合唱」である。これは素晴らしい。恋愛メロドラマ的な要素もあるが、むしろ青春映画である。一九四一年という、太平洋戦争開戦の年の、真珠湾攻撃の一年近く前に作られた作品であるが、当時まだ平和な世相を活写した秀作として高く評価できる。

原作は石坂洋次郎の小説である。

こんな内容である。

所は秋田県の横手町。この町に女子専門学校があって、木暮実千代の演じる女学生朋子が、この学校の入学試験を受けに来ている。しかし彼女は、受験をやめる決心をして、その理由を試験の作文に書き残して試験場を出る。

彼女はじつは手の指にちょっとした障害がある。べつに勉学に差し支えがあるような障害ではないが、この学校の体格検査では僅かな障害でも落第にすると聞いている。まあ、なんとかごまかして合格にしてもらおうかと考えて来たが、家が貧しくて学費を出してもらうこともたいへんなことだしと考えて、進学を止める決心をした――というのである。

当時はまだ国公立の大学には女子は入学できず、五年制の女学校を出たらあとは数年の専門学校を出て教師や医者になるのが女性の教育の頂点だった。だから、専門学校へやってもらえるというのはたいへん教育に理解のある家庭ということになるが、彼女は無理をしないことにする。あるいは指が一本、まっすぐに伸びないという程度のことで入学をこばむ当時の学校のありかたに対する抗議をここでもっとくりひろげてもいいところであるが、あえて、それは学校を許してやるという態度にしておくところが心にくい。学歴獲得にがんばらなくても、さっさと就職して働くこともいい。そんな明るい気分で彼女は自分の家からは遠いこの横手の町をのんびりと歩く。そしてあるバス会社のお店の前を通りがかり、「車掌、事務員募集」という広告を見て、さっさとその中に入って就職を申し込む。「小学校高等科卒なら車掌、女学校卒なら事務員です、当然事務員志望でしょうね」と言われると彼女は「運転手になりたい。そのほうが給料がいいと思うから」と明るく言う。その率直さが気に入って佐分利信の演じる支配人浮田は早速彼女を雇うことにする。いずれ運転も教えてこの小さな会社としては重要な立場になってもらうことになるだろうが、そのためには、はじめは車掌見習いからやらせて、会社の仕事を全面的に経験させようという気の入れようである。女子労働をこんなふうにきちんと描いた映画も画期的である。

こうしてまずは車掌見習になる。そして彼女は、切符をごまかそうとするけっこう金持のおばあさんとか、花嫁衣裳で乗ってバスがエンコすると車を押す手助けをしてくれる力持ちの花嫁さんとか、バスの中でのとつぜんの出産とか、車掌をおどして切符の売り上げのゴマカシをやる運転手とか、さまざまな人間と出合って社会を知り、人間を知って成長していく。

このバス会社は佐分利信の浮田という中年男が監督という肩書で取り仕切っているが、経営者は川崎弘子が演じる米子という事務をやっている女性である。彼女は社長だった男の妻で、亡くなった夫は近くの映画館も経営していた。その弟の三郎（近衛敏明）という男が映画館のほうの経営を引き継いでいて、バス会社のほうは彼が中学時代から大学を出るまで一緒だった親友の浮田にまかせているのである。いかにも田舎の町の中小企業らしい、親族経営の企業である。

この三郎という映画館主は気のいいなまけ者で、いつも映画館を留守にして親戚同士と言っていいバス会社に来ていて、浮田と将棋を指したり世間話をしたりしている。ちょっとバス会社のほうの帳簿を手伝ったりしている様子もあるから、義姉の米子を心配して何気なく手伝いがてら見守っているのかもしれない。

米子は名目上経営者と言ってもただの帳簿をつけているだけの不安定な立場で、監督の浮田を頼りにしている。浮田が遅くまで残業していると一緒に店に残り、お茶を出してやったりしているが、浮田がそのお茶を喜んだりすると彼女がソワソワする様子で、彼女が浮田に惚れている様子は一目瞭然である。

まあ、そんな家族的な企業に、朋子は女学校を出ただけで飛び込んできたわけだが、その明るくて積極的な態度で会社のみんなから注目される。彼女への関心をいちばんはっきり見せるのは映画館経営者の三郎である。しょっちゅうやってきては、バスのタダ乗りにクレームをつけられたり、その仕返しに、車掌さんたちの映画のタダ見を止めたりというたあいのないトラブルで文句を言い合って親しくなってゆく。

この二人があるとき、誰もいないバスの中で結婚観をめぐってまじめな話をする。私などが敗戦後の少年時代に熱心に議論した、結婚は見合いがいいか、恋愛がいいか、というアレである。私などが熱心に論じたその五年ぐらい前の映画で、同じことを映画の中の登場人物たちが同じように熱心にやっているわけだ。しかし、さすが青春小説のベストセラー作家だった石坂洋次郎原作だけに、お喋りのあり方も洗練されている。

朋子は、自分の親戚の間で一口噺のように語り伝えられているあるエピソードを話す。自分の伯母さんだか大伯母さんだかの結婚のときのことである。

結婚式が終わって二人きりになったとき、見合い結婚でそれまで話し合ったこともない花婿と花嫁は、しばらくじーっと黙ったままでいて、いつまでも黙っているわけにもゆかないので、やっと花婿が、「あなたの家には梅の木があったですかのう……」と言い、花嫁が、「はい、ございます」と答え、また花婿が、「何本ありましたかのう」と言い、花嫁が、「一本でございます」と言う。

こんな意味のない話をえんえんと続けたというのである。

この落語みたいな話のオチは、「この伯父さん伯母さんが、いまでは親戚の一族でいちばん模範的な良い夫婦と言われている——」というのである。

つまりは見合い結婚も悪くはない、という話である。

三郎は、この話に感心して、まあ、結婚は見合いか恋愛かの形式の問題ではない、と認める。

では朋子は軽率な恋愛を否定してむしろ見合いもいいと言いたいのかと言えば、必ずしもそうではない。

あるとき、田舎道の停留所から、花嫁姿をした娘とその一行が乗り込んでくる。じつは停留所に来るまでの長い道を歩いて来たのだそうで、バスの中で早速、重箱からおにぎりを出してみんなで食べ、乗り合わせたバスの客たちにもどうぞどうぞとすすめる。それでみんな楽しい気分になり、車掌として乗っている朋子など、花嫁さんも食べるのかしら、と好奇心を燃やし、花嫁さんが二つも食べたと大喜びする。ところが田舎町で馬車とのスレ違いが上手くゆかなくてバスの車輪の片方が田んぼに落ちる。乗客が総出で後押ししてバスを道路に押し上げるが、花嫁さんも振り袖をまくり上げて手伝うというあたりが、ルーティンながらいいギャグになっており、そのお礼に朋子はバスの車中で花嫁の化粧を直してやり、自分の口紅をプレゼントする。気持ちのいい労働のスケッチである。

あとで朋子が誰かにこの花嫁さんのことを話す場面があるが——「彼女、恋愛結婚かしら……きっとそうじゃないわ」と、気の毒そうに言う。

田舎で、しかもかなり遠い村に嫁入りするとすれば、まあ見合いにきまっているだろうし、当時なら見合いもなしで、式の当日はじめて会うといったものだったかもしれない。現に私の母はそうだったそうだ。もっともそれは、この映画よりさらに二十年ぐらい前のことだ。だから、あの花嫁さんは恋愛結婚ではないみたい、という言葉は、じつは分かりきっていることをわざわざ話題にして気の毒がってみせているみたいで、ちょっとわざとらしいのである。

では、そんなわざとらしいことをなぜセリフにして彼女に言わせるか。これは映画という尖端的な表現の中では、あくまで結婚は見合いより恋愛のほうがだんぜん好ましいということが常識になっていたからだと思う。現実には当時は結婚の大多数は見合いによるものであっても、映画の現代劇では恋愛をつらぬいた恋の勝利者である女性こそがヒロインと呼ばれるべき女性だったからである。もちろん、だからと言って見合いを否定しているわけではないが、それは良き女性ではあっても素敵な女性とは必ずしも見られない。

朋子を演じた木暮実千代は日本映画界で最初の大学卒の女優としてデビュー当時から目立つ存在であり、純情可憐型の女優の演じる主役と対立して恋に敗れるハネッ返りの新しい女といった役が多かった。だから当然、見合いみたいな古い伝統に従ったらおかしいと思われるタイプと見られていた。「暁の合唱」ではその積極的で行動的なところを明朗で良いと見られる役なので、誰からも愛される明るい女性としては当然恋愛肯定であるべきであり、そうでなかったら木暮実千代らしくないということになる。だから、親族でいちばん模範的な夫婦は見合いだったという印象的な話をするのは、その話相手の三郎に対する牽制であり、現に見合いを大事にしている普通の人々に対するリップ・サービスであり、さらには日中戦争が始まってからもう四年、そろそろアメリカとの開戦も迫っている一九四一年という、軍国主義も相当に強化された時代への配慮も含まれていたと思われるが、それだけでは恋愛賛美を主軸としてやってきた松竹大船映画の、恋愛賛美からの撤退宣言だと受け取られかねないという微妙なところで呟かれたセリフなのだと思う。やっぱり松竹大船映画としては恋愛でない結婚は気の毒なものと見られなければならないのだ。

この映画のラストシーンで、田舎道を行くバスが一台の荷車を追い越す。車掌の朋子がふり返ると、その荷車の後押しをしているのはあのときの花嫁さんであり、前で重そうな荷車を一生けんめい引っぱっているのは実直そうな男である。夫に違いないその男が、その妻を大いに頼りにしているらしい様子で、朋子も安心する姿で終わりになる。恋愛ではない結婚はかわいそうだが、それでも上手くゆく場合はある。良かった良かったというところでこの映画は終わりになる。

恋愛万歳！　でも見合いはダメと言っているわけではない。で、メデタシメデタシとなる。

ではその恋愛万歳はどこで主張されるか。

バスの中で妊婦がとつぜん出産するという事件が起こり、そこで朋子は要領よく的確に行動して、会社から駆けつけた支配人の浮田からも誉められる。そこでちょっとお産の始末の時間があり、その時間つぶしにきれいな川の流れのそばで朋子と浮田はお喋りをする。

朋子はこの事件で、女には子どもを産むという素晴らしい役割があることを自覚して感動し、女であることに自信が持てたと言う。男は女のその役割をもっと高く評価すべきなのに、愛の表現が乏しいのはなぜか、という問いにもなる。浮田はそう言う朋子をやさしく見守りながら、日本の男の愛情表現の不足は認める。佐分利信にそういうセリフを言わせるのがこの映画の面白いところなのである。なぜなら彼は、当時甘いラブシーン専門の優男の上原謙、スポーツマン・タイプでテレながら言い寄られる佐野周二、そして思慮もある重厚な男なのであるが甘い言葉ひとつ口にできないために最後にはきっと失恋する役が専門の佐分利信と、大船三羽烏と呼ばれた恋愛映画の三大スターのひとりだったからである。

この映画でも佐分利信は模範的な上司であり、頼もしい立派な男である。朋子から、日本の男はなぜもっと女性を高く評価しないのかと問いつめられて言う言葉は、なぜ佐分利信はもっと女性にやさしい役を演じないのかと問われているようなものだからである。

それに対して佐分利信の浮田は、日本の男が女性にやさしい言葉を使うことを苦手にしていることを認めながら、同時に、西洋の映画を真似してやたらと甘い言葉を喋りたがる者がふえているのもどうかと思うがね、というような矛盾したことを言ってゴマ化す。これは、彼がいつも演じている役柄に対する自己批判と弁明であると同時に、そういう女性に対するそっけなさこそが佐分利信の男らしさとして人気の土台になっていることを自慢しているようなものでもあるのだ。だからおかしい。

さて、この映画でいちばんのスターは佐分利信である。次いではまだデビューして三年目だがスターとして売り出し中の木暮実千代である。観客は当然、この二人の間にロマンスが進行し、結婚となることを期待する。しかしそうすると失恋役専門という奇妙な記録は停止になる。どうするか。

　ある日、朋子が米子に、浮田との仲を聞くと、じつはもう求婚されたと本当に嬉しそうに答える。浮田に惚れているのが見え見えのポーズを彼女は見せていたのに、そのたびに浮田は無関心のようなポーズだったのだが、会社の運営から考えても、また再婚といってもこれから相手を探すのも不利な米子の立場からいっても、これがいちばん気心の知れたリスクの少ない結びつきであることは明らかで、メデタシメデタシと言える。しかし朋子をヒロインとして見ていた観客の立場からすれば、これでは互いに相手を十二分に理解し合ったうえでのロマンスなしの理性的結婚、理解的結婚だが、まあ佐分利信の失恋王記録は維持できたのだし、朋子との会話で意外と女性にやさしいセリフも聞けたから、まあファンも許すだろう。

　しかし、では恋愛主義者の朋子はどうなるのか。恋愛の相手としてはいまいちだが結婚の相手としては悪くない好人物が目の前にいるではないか。そこで、スターではない近衛敏明の演じる映画館主の三郎がヒーローとして浮かび上がってくるのだ。もっとも彼は、開巻すぐバス会社で浮田と将棋を指していて朋子と出合ったときから、いつも朋子にまとわりついて、喧嘩友達ふうのつきあいながら彼女を誉め称えつづけている。ただ、ロマンチック系の映画では、優男でもなければ男らしさ派でもなく、少し滑稽なところもあるので、通常ラブロマンスの主役にはならない脇役である。しかし世間並みの男としてはちゃんと通用するはずだ。

朋子は浮田から自動車運転の訓練を受け、免許も合格し、会社内の不正摘発にも活躍する。そんな彼女を見習ってか、三郎も自分の本来の仕事である映画館経営をまじめにやるようになる。小学校への出張上映など自分でフィルムを運んでやるのだ。

そしてある日、三郎のところに東京から元の恋人が訪ねてくる。ヒステリックで威丈高なところのある女性である。お人好しなところのある三郎としては、一時期魅惑されたが逃げるようにして別れて郷里に戻ったのだろう。しかし女も最後の話し合いでケリをつけるためにやってきたのだ。そして偶然、朋子に出合い、彼女のはつらつとして明るくて偏見のない、さばさばした態度に自分の出番はもうないのだと理解して去ってゆく。「女はシンがくたびれないうちに結婚するものだ」という名文句を残して。この文句は朋子を大いに喜ばせたようだ。

この結びは観客を必ずしも納得させないであろう。東京から三郎を追ってきたにしてはその女がモノ分かりがよすぎて、これで解決したという気にはなれない観客が少なくないだろうし、朋子が魅力的に描けているのにその結婚相手が、ただ人がいいだけが取り柄みたいな三郎ではもの足りないと思うファンはもっと多いだろう。まあ、浮田と米子が結ばれたのは、きっとこれならいい夫婦になるだろうと納得するとしても、主役の朋子のほうがロマンチックにならずに終わるのはなぜか。

この映画は、名監督の清水宏の作品ではあるけれども、特別なヒット作だとも伝えられず、名作とも言われず、映画史に名を残したわけでもない。ただ「キネマ旬報」の当時の号の批評では、「これは清水宏の近来の佳作である」と認められている。風物描写の名人らしい良さもある程度あるし、原作のしつこい恋愛を省略して淡々とした喜劇にしたところもいいしと、信頼できる批評家だった清水千代太が良い批評を書いている。

当時としてはそう認められただけで良かったのだと私は思うが、いま見ると日本人の恋愛と結婚についての考え方が、惚れたはれたではなく生活に根ざした良識にもとづいてああだこうだと話し合われる映画は他に見たことがないことに気づく。基調はもちろん恋愛の肯定である。家では親たちの前で愛だの恋だのとは決して口にしない若者が、映画館の暗闇の中でこっそり、美男美女の恋にうっとりできるというのが現代ものの映画の最大の効能だったからだ。ただし、現に見合いで結ばれたか、そのつもりでいる大多数の人々に失礼にならないように配慮しなければならない。

そうした状況の中で、見合いか恋愛かとしきりに話し合っている現実そのものをあからさまにするという新手をうち出したのがこの作品であり、ひそひそ話でやっていたことが相当に大声でやれるようになったという現実がたぶんある。そして、それを面白いものにするには、そこで話題になる恋愛や見合いの実際例そのものが、現実はこんなものだと言って納得できるようなものでなければならない。だから、この映画で描かれる恋愛自体はいずれもロマンチックという尺度からすると半端でおかしいのである。そのおかしいところに納得のゆくコメントを加えることで人気を得たのが原作の小説家の石坂洋次郎だった。そして、それをお芝居くさいわざとらしさから解放して、日常的な仕事と生活のリアルな状態のなかに置いて見せたのが清水宏である。

この映画は、朋子は三郎と結ばれるだろうと予想はさせながら、そこまでは描かないで終わりになる。東京から三郎を追ってきた女は、朋子と出合って、この明るさとまっすぐな性格にはとてもかなわないと認めて去って行ったわけだし、その朋子の良さのいちばんの理解者は三郎と浮田である。その浮田が、いちばん似合いだと朋子も祝福できる米子に求婚した以上、あと朋子にいちばん似合いの相手は三郎しかいない。朋子もそれは認めているみたい。ただ映画としてはまだこの二人のラブシーンがない。これではまだ、ロマンチックに至っていない。アメリカ映画だったらこれで終わることは許されない。しかしこれはアメリカ映画ではなくて清水宏の映画なのだ。この二人はきっといい夫婦になるんじゃないか、と予想させるだけでいいのだ。むしろそのほうが、ともに努力する成功した結婚になれるのではないか。むやみに愛だ恋だと言って自己満足しているよりも、まあ、それは分からないけどね。なにしろ恋愛結婚なら上手くゆくとも言えないので、問題はこれから、という余韻は残しておいたほうがいい、というのかどうか。とにかくこの映画は、西洋的な情熱恋愛賛美の対極にある、おずおずと愛に近寄る日本的な恋愛映画だと言えると思う。

あこがれのヨーロッパ「未完成交響曲」

トーキー初期にクラシック音楽の楽聖と呼ばれるような音楽家を主人公にした音楽映画がひとしきり流行したことがある。なかでも日本で圧倒的な大ヒットになった作品にオーストリア映画、ウィリー・フォルスト監督がシューベルトを主人公にして作った「未完成交響楽」がある。

この作品ではハンス・ヤーライという二枚目の演じた若きシューベルトは、まだ無名で、ウィーンで小学校の先生をしながら作曲をしている。彼が算数の授業で教室の黒板に数字を書いているうちに、数字が楽譜になり、メロディーになって、ウィーン少年合唱団員の生徒たちが不意にそれを歌い出すといった、音楽処理の上手さでまず見る者の心をとらえたうえで素晴らしいラブロマンスになってゆくのである。

さすがウィーンで、まだ無名のはずの彼の噂を宮廷の楽長が聞きつけて、ある貴婦人の主宰するサロンに推薦する。そこに喜び勇んで行ったシューベルトが、多くの客の前で作曲中の「未完成交響曲」のはじめをピアノで演奏していると、途中から入ってきた若い女性が、親しい男と冗談を交わしていて、思わず大声で笑う。それでシューベルトは憤然として演奏を止めて帰ってしまう。おとなしく弾き続ければ音楽家として認められるいいチャンスだったのだが、それは彼のプライドが許さなかったのだ。

それでくさっている彼のところに、ハンガリーの貴族の家から娘たちの音楽教師をやってほしいという招待がくる。彼が喜んでハンガリーの田舎のお屋敷に行くと、じつはあの演奏のときに笑った伯爵令嬢カロリーネが、あのときは申しわけなかったとワビのしるしに招いたのだと分かる。それで家庭教師として音楽を教えているうちに、二人の間に恋が芽生えてくる。

ある夜、シューベルトがお屋敷の近くの酒場でジプシーの音楽を聴いていると、そこにジプシー女の扮装をしたカロリーネが現れて彼の前で熱い熱い恋の歌を歌う。シューベルトはそれに心を奪われてしまう。そして夜が明けると彼女はあわてて酒場を出て帰る。シューベルトが追う。カロリーネは麦畑をかき分けるようにして走ってゆく。それをシューベルトが追って抱きしめ、キッスをする。

この酒場での熱い恋の歌から夜明けの麦畑でのこの抱擁とキッスまでが、私の知る世界映画史上のもっとも美しいラブシーンである。この麦畑の場面は小津安二郎監督の「一人息子」（一九三六）にも引用されている。田舎から息子を訪ねてやってきた飯田蝶子の老いた母親が、日守新一の夜学の教師をしている息子に東京見物に連れ回されて入った映画館で、「これがトーキーというものですよ」と言って見せられるのがこの映画のこの場面である。

小津もこの映画のとくにこの場面は気に入っていたのであろう。ただそのとき、母親は疲れてか、あるいは好みに合わなくてか、居眠りをしている。

この名場面のカロリーネを演じたのはマルタ・エゲルトである。一九一二年、ハンガリーのブダペストの生まれ。一九二三年からオペレッタのスターとしてブダペスト・オペラの舞台に立ち、ついでウィーンのヨハン・シュトラウス劇場やハンブルグやベルリンの劇場にも出演している。一九三一年からは映画にも出演した。そして一九三八年にオーストリアがナチス・ドイツに併合されたのを機会に夫のテノール歌手ヤン・キープラと共にアメリカに逃れた。第二次大戦後はドイツにもどり、映画にもときおり出演していたという。

結局、スターとして特に成功したわけではなく、代表作はこの「未完成交響楽」ということになるようである。しかもこの作品は、ドイツとオーストリアではともかく、国際的には殆ど知られておらず、爆発的な大ヒットになったのは外国では日本だけだったようである。以前、イギリスの雑誌「サイト・アンド・サウンド」が世界映画史上のベスト・テンという投票を世界中の批評家に求めたとき、主催者側のコメントに、「日本の批評家たちが珍しく古いオーストリア映画に票を入れている」という言葉があった。

あの素晴らしいラブシーンのあと、さすがに噂が耳に入って、カロリーネの父の伯爵はシューベルトを解雇する。それでウィーンにもどってがっかりしている彼のところに、しばらくして伯爵家から一通の招待状がとどく。喜び勇んで彼がハンガリーの伯爵家にかけつけると、じつはそれはカロリーネとそれにふさわしい将校らしい花婿との結婚式だった。カロリーネは伯爵の命令に背くわけにはゆかず、泣く泣く結婚を承知したので、シューベルトへの招待状は彼女の妹が勝手に出したのである。

それでもシューベルトは、ゲストとして祝いのピアノを演奏することになる。二人の因縁の出会いになった貴婦人邸での演奏会でピアノを弾いて、途中でカロリーネの笑いでシューベルトを怒らせた、あの未完の曲を完成させたから、そのモチーフを弾くというのである。そしてそのメロディーを弾いてゆき、あの、かつてカロリーネが笑ったところまできたとき、こんどは彼女が泣いて倒れて演奏は中止となる。客が去ったあと、彼はその楽譜にこう書き込む。

「わが恋の終わらざる如く、この曲もまた終わらざるべし」

この、ロマンチックと言うか、キザと言うか、あまりにも甘美な恋の思いに、日本の当時の洋画観客の主力だった若者たちはまいったのだ。もちろんこれは音楽史上の公式見解や定説とはなんの関係もない。いわゆる未完成交響曲がなぜ未完成のままなのかは誰にも分からない。ただこの映画のファンだけは、これが本当の理由だと信じている。

シューベルトの名曲を要所要所に巧みにちりばめて、それにいちいち、もっともらしい理由を加えた作劇の上手さはたいへんなものであるが、この映画の素晴らしさは、十九世紀のウィーンの良い趣味が隅々にまでしっとりとゆき渡っているところにある。社交界の人々の優雅なふるまい。ハンガリーの居酒屋のジプシー音楽の切ないまでのロマンチシズム。こんなに品よく甘く、日本人にとっては憧れの近代ヨーロッパの情緒にたっぷりとひたらせてくれる映画も滅多にあるものではない。

が、しかし、日本人にとってはそうであるところに、ヨーロッパの人々も同じようにうっとりとするかどうかは分からない。むしろそこに、この作り話の、あまりと言えばあまりな嘘を通俗性として笑ってしまうということも十分に考えられるわけだ。日本人にとってはただただうっとりとするしかないヨーロッパ的な気分の洗練ぶりも、まあ型にはまった気取り方にすぎないかもしれない──というふうに、この映画に疑問を投げかけることのできる今の私も、でもやっぱり、ときどきこの映画をＤＶＤで見ては、繰り返しうっとりとするのである。あのジプシー酒場の夜のマルタ・エゲルトの求愛の絶唱から夜明けの麦畑での抱擁とキッスまでがわが生涯の最高のラブシーンであることに変わりはないのである。

第二章　敗戦ととまどい

あこがれと、あきらめと

黒澤明の自伝「蝦蟇の油――自伝のようなもの」によると、監督としてのデビュー作「姿三四郎」が太平洋戦争中に完成して、検閲に提出して黒澤明がその審査に立合ったとき、検閲官から、この映画には英米的なところがある、と文句を言われたそうである。「姿三四郎」は若い天才的な柔道家が修練につぐ修練で、古い伝統的な柔術家たちを試合で打ち負かしてゆく物語である。そこである重要な試合にのぞむとき、何日か、近くの坂の途中にあるお地蔵様かなにかに祈りに行くと、そこで、若いきれいな女性が同じようにお祈りにきていて、言葉は交わさないが面識はでき、彼女の下駄のハナ緒が切れるとそれを自分の手ぬぐいを裂いて直してやったりする。それでも馴れ馴れしく口を利いたりはしない。そしてあとで、その若い女性こそが、そのあと三四郎が試合で倒す柔術家の娘であることが分かり、自分が勝ってその古い柔術家を柔術界から引退させる結果になることで悩む。その悩みは恋になっているのだが、彼はただ、彼女の父親にすまない結果になったと悩むだけで、愛の告白など出来はしない。要するにそんな、恋愛の口の利きかたひとつ知らない普通の日本男児の女性に対する態度を淡々と描いたエピソードがあるだけのことなのであり、ラブシーンと言えるほどのものでさえないのだが、そこに恋愛感情がからんでいるとは言える。その恋愛感情をさりげなくそえた場面があることを検閲官は、英米的だから問題だ、と言ったわけだ。もちろんそこでは、抱き合ったり手を握ったりするどころか会話らしい会話すらないのだから、これを観客にワイセツな感情を想起させて悪影響を及ぼすからカットさせるというようなことはできるはずもない。

そこで黒澤明は奮然として反論しようとしたらしい。するとその場に立合っていた小津安二郎監督が、「はい、これは百点満点として百二十点、合格お目出とう！」とか言って話を終わらせたという。

当時、映画の製作にたずさわる者は、スタッフも俳優も、みんな試験を受けて政府から許可証を貰うことになっていた。助監督が監督に昇進するには、その第一作を試験官たちに審査してもらって合格にならなければならないのである。

監督の審査委員会の委員長は小津安二郎だった。たぶんこの検閲の試写会は監督の資格審査委員会を兼ねていたのだろう。

この小津の絶賛と言っていい一言で、ラブシーンらしいものがあるのは英米的で問題だ、と言いかけた検閲官の発言は宙に浮いて、まあモメることはなかったらしい。

もちろん、恋愛を禁止する法律なんてものはない。しかし性的な、エロチックな表現についてはとくに映画では厳しい検閲が行われていた。そして恋愛感情の表現と性的感覚の表現との間には関連性、共通性があって、そこに境界線を引くことは難しい。

監督や俳優がこれは恋愛感情を上品に美しく表現した演技であり場面であると主張しても、検閲官が、いやこの目つきやしぐさはナマナマしいまでに露骨に性欲を表現しているからワイセツだと判断すればそれでその場面は一方的にカットされてしまう。それが昔の検閲である。

「姿三四郎」の場合は常識的に言ってたいへんひかえ目な恋の目ざめの暗示的な表現であって、これではカットされる恐れはまずなかったと言えるが、それでも検閲官は、そこでおどしをかけたわけである。日本映画のラブシーンはつねにそういう危険を背負っていた。映画の観客は、子どもを除いておおむねラブシーンを歓迎したが、なかには恋愛は不良のやることだと思っている人たちも少なからずいた。そういう人たちは、結婚相手は親に探してもらえばいいので、自分で探そうとする者は不良であることが多いから警戒しなければならない、と思っていた。

西洋の映画では、親が息子や娘の結婚相手を探したり選んだりするというストーリーはまず見ることはない。だから西洋では原則として見合い結婚ということはなく、結婚相手はみんな自分で探すらしい、ということは日本人にも分かっていた。それを素敵だと思う者は外国映画のファンになり、しばしば熱烈なキスシーンなどが検閲カットで見せてもらえないにもかかわらず、アメリカ映画やフランス映画ばかり見て、日本映画は避ける傾向があった。

それで観客を奪われても、日本の映画会社は困りはしなかった。アメリカやヨーロッパの映画がどんなにヒットしても、それで日本映画の観客が大幅に減るということはなかったからである。たしかに外国映画も魅力的ではあるが、風俗習慣が大きく違う以上、どうしてもついてゆけないところがある。なによりなじめないことは、あんなに女をちやほやしないと嫁も貰えないということである。

だからこそ、日本映画では容易に見ることの出来ない良質のラブシーンを見るために外国映画を見るというのが本格的な洋画ファンだった。しかしその数は限られていて、恐るるに足りなかったのである。日本映画にも歌舞伎や新派劇の伝統で、遊女や芸者との恋を扱った作品なら名作と賛えられるものもあったけれども、そういう女たちとの恋というのは、金持か遊び人のするものであって、普通のまじめな人たちには縁遠い世界である。

そんなわけで、素敵なラブシーンがあるからといって、それで外国映画が興行的に日本映画を圧倒できたわけではない。いま日本映画と外国映画の興行上の比率は半々ぐらいであるが、アメリカ映画を主とする外国映画がそこまで比率を高めるようになったのは、一九六〇年代に日本映画の製作が大幅に減ったからで、戦前などは日本映画が圧倒的に強かった。

日本人は映画のおかげで、アメリカやヨーロッパでは結婚は恋愛でするものだということは知っており、それに憧れる者も少しはおり、外国映画の普及とともにその数も少しずつ増えてはいったが、大多数の人々、とくに地方の人々にとっては、それはあくまで別世界のことで、自分たちの実生活とは関係のないことであった。

それが敗戦によって、これからは生活の習慣にまでアメリカの指導や影響が入ってくるようになると予想されるようになったとき、若者たちがまず気にしたのは、見合い結婚は古くさいものとなり、恋愛結婚こそが奨励されるようになる、ということだった。

もちろん、それまでの日本映画にも恋愛は描かれていた。一九三七年、日中戦争が始まった年に公開された松竹大船撮影所の「愛染かつら」は戦前の日本映画で最高の興行成績をあげたということで歴史に名を残している作品であり、最も成功した恋愛映画だとされている。私はこの作品を、母と、たしかもう女学生だった従姉に連れられて映画館に見に行った記憶がある。母はいつもいそがしく働いている女で、映画になどあまり行かなかったと記憶するのだが、よほど大評判だったからだろう。女学生の姪も一緒に連れて行ったのは、これが恋愛映画ではあっても不良の好むものとは違うという世評を聞いていたからに違いない。確かに抱き合ったり、手を握り合ったりするものではなかった。

ある大病院の御曹子で、いずれ院長になると期待されている若い医者が上原謙で、たくさんいる看護師のひとりが田中絹代である。なぜか二人は仲良しで、どこか神社の庭に生えている桂の木に一緒に触りに行く。この桂の木が愛染かつらと呼ばれている有名な木で、恋人同士が一緒に触って将来を祈ると、結婚できると言われている。それで一緒に触ってお祈りするという場面は私もよく憶えていた。映画館内にただならぬ気分がたちこめたように思ったから——。

しかし、この有名だった一場面を別とすると、この映画にはラブシーンらしいラブシーンは殆どない。ストーリーの重要な部分はむしろ、田中絹代の看護師に実は幼い子どもがいることが分かって看護師仲間の集まりで、独身のはずの彼女になぜ子どもがいるか、なにか私生活にふしだらなことがあるのではないかととっちめられることである。しかし彼女が、婚約者がとつぜんなくなって結婚の手続きがとれなかったと弁明することで看護師たちが逆に同情して彼女の味方をしてくれるようになるので、この作品自体はむしろ、恋愛映画としてより、シングル・マザーを擁護した画期的な作品として記録されるべきであったかもしれない。あと、上原謙の大病院御曹子のほうは家族から看護師との結婚などとんでもないと大反対を受けて、家をとび出す決心をし、田中絹代のヒロインと一緒に遠くの病院に行くことになる。ところが新橋駅で待ち合わせる約束をしたのに、その日とつぜん彼女の子どもが高熱を出して、一緒には行けなくなる。そこでせめて事情を説明するだけでもとタクシーで新橋の駅までかけつけるが、信号にさまたげられてなかなか車が進まず、やっと駅のホームにかけ上がったときには汽車は出てしまったところだった――というのがクライマックスで、駅で待つ彼と、タクシーでいらいらする彼女とのカット・バックが観客を異常なまでに昂奮させたことは映画史上の語り草になっている。私の知人に、やっと新橋駅のフォームにかけ上がった田中絹代が列車を追うような足どりをする、その足どりのポーズの真似を隠し芸にしていた人がいたというくらいである。

　この作品は大ヒットして直ちに続篇が作られたのだが、二人が出会いそうになったのに、ちょっとした偶然で会えないということが観客を熱狂させるということに味をしめたスタッフは、たまたま二人が偶然同じ場所にいたのに、全くの偶然でまたまたスレ違ってしまったというような場面を設定したメロドラマを流行させ、それがまたけっこう受けたりして、口の悪い批評家たちがそれらを一括して〝スレ違いメロドラマ〟と呼んだ。

つまり、恋愛映画といってもラブシーンらしい男と女の寄りそう場面がそんなにあるわけではなく、むしろ男と女がちゃんと出会える場面が出来るかどうかがたいへんなのだった。もちろんこれは、大病院の院長の息子の前途有望な医師と看護師との恋愛だからたいへんなのであって、身分的にほぼ同じ程度の組み合わせなら観客もそんな大さわぎはしない。そんな恋愛映画ならたくさんあったし、健全な行為と認める常識もあった。

しかし、いざ戦争となると、ただ若いまじめな男女が出会って少し親しくなるというだけで、英米的、つまり敵国の風習だと非難される危険はあったし、少なくとも親たちの多くは、息子や娘に異性の交際相手がいると、それを祝福して良い結果を期待するより、まず、その相手は不良ではないか、と警戒するのが普通だった。

じじつ、ラブレターなどを異性に渡すことは不良行為として警戒され、若者たちもそれは承知していた。戦前は中学校以上は原則として男女別学であったから、親戚とかとくに親しい家同士ということでもなければ若い男女が一緒になれる機会は非常に限られていたから、ラブレターを書くぐらいしか男女交際のきっかけをつくることがない。そんな状態では、あえて不良呼ばわりをされても書く者は不良となる覚悟をきめなければならず、それはラブレターぐらい書いてなぜ悪いか、という文化的自覚とも結びつき、確信犯的な軟派不良少年を生んだ。喧嘩に明け暮れる硬派不良少年とは違う、文化的な誇りを持つ不良の少数派である。しかし本人はいかに誇り高くとも大人から見れば単なる不良であり、将来の成功の道はせまい。単なる女たらしになり下がる可能性もあるし、じじつそういう例のほうが目立つだろう。だからこそ親たちも警戒したし、若者たち自身、それが危険な道であることは承知していた。もしチャンスがあれば、とは思っても、多くの家庭が警戒している以上、チャンスは容易になかったし、あえてチャンスを作り出すことも難しく、実際には容易に恋愛はできなかった。結婚の相手はいずれ親たちか誰かが探してくれるだろうし、それまで待つしかない。そう考えるのが良識ある若者だった。

しかし、恋愛を美しいことと思う思想は古くからあった。「万葉集」や「源氏物語」で昔からそれははっきりと表現されている。

「不義はお家の法度」と言って武士の恋愛を圧迫した江戸時代でも遊女の命がけの恋は美化されてお芝居になったし、明治になれば西洋思想の影響下で北村透谷は「恋愛は人生の秘薬なり」と言い、大正時代には哲学者の厨川白村の「近代の恋愛観」が恋愛至上主義を唱えてベストセラーとなった。

恋愛は上手くゆけばとくに悪いこととは言えないという考えがだんだん拡大してゆくが、わが家の娘や息子を不良やキズ物にしないようにという警戒はそう簡単にはとけない。

敗戦とアメリカによる日本占領は、恋愛に対する警戒をゆるやかにする機会としては相当に大きいものだった。なんといってもアメリカは自由をなによりも尊重する国柄である。恋愛は当然自由であるべきであり、見合い結婚など笑い話のタネでしかない。日本人も理屈では納得する。しかし習慣はそう簡単には変化しない。

だいいち、若い男女が自然に出会えて交際できる機会がそんなにないし、出会って話しかける言葉の訓練も出来ていない。機会があって出会っても、多くの普通の若者はただモジモジしているだけである。そんな時期には、恋愛のロマンスも自然には成り立たない。そんなときに作りやすいのは、恋愛の物語というよりもむしろ、恋愛への憧れの物語である。その一例として「伊豆の踊子」をあげることができる。

川端康成の小説「伊豆の踊子」は、一九三三年に最初の映画化作品が松竹蒲田撮影所で公開された。監督は五所平之助。主演は田中絹代と大日方傳である。

田中絹代が兄を座長とする少人数の家族一座の踊子で、伊豆半島を縦断する旅興行をしている。行く先々の温泉場で、団体客などによばれて旅館で芸を披露する。「犬と旅芸人入るべからず」などという立札を立てている村もあったりして、当時こうした旅芸人が社会的に差別されていたことを示している。映画には出てこないが、旅芸人の女に売春が求められるということもあったようだ。映画では、たまたまそんな立札で困ってウロウロしている一座の人々に、通りがかりの旅の学生が同情して、その立札を引き抜いて投げ捨て、一緒にその村を通る。青年は第一高等学校の学生であり、一座の人々は彼に感謝する。そして一緒に徒歩で下田に向かう。当時、第一高等学校の学生は卒業すると殆ど自動的に東京帝国大学をはじめとする国立大学に入学できたもので、だから彼らは入学試験の勉強などに明け暮れることもなく、哲学書などに読みふけって教養を磨くことができた、と、まあ理想の学校のように言われたものである。

この学生が伊豆を旅しているのも、べつに特別な目的があってのことではなく、いわば教養のひとつとしての浩然の気を養うということなのであろう。

この旅の間に、学生と踊子は一緒になにげないお喋りを交わすだけであるが、なんとなく親しくなる。互いに相手を好ましく思う。しかし恋の話はしない。恋をしても結婚に至ることはあり得ないと、互いによく分かっているからである。あまりにも身分が違いすぎるからである。学生はいまは貧乏かもしれないが、将来の出世は約束されており、家柄も教養もない踊子が男の家から容易に受け容れられるとは思えない。それらは分かりきったことなので、愉しいお喋りはしても、それ以上の深い仲にはならないようにつとめている。それがまだ若くて純情な彼らの良識というものである。本当は恋仲になりたい、しかしそれは悲劇のはじまりだと知っていて、何げないお喋りの範囲にとどめている。

それでも踊子にとっては生涯の良い思い出であろうし、男にとっても、折にふれ思い出す青年期の良い記憶にはなるだろう。

この最初の映画化作品では、原作にはないエピソードが脚色でつけ加えられている。踊子にはこの地方の立派な家に住んでいる伯父さんがいて、この踊子のために将来の夫をもう用意してくれているのである。ただし本人たちにはまだ言っていない。本人たちの同意なしに結婚相手をきめてしまうなんて無茶なことのようだが、一族のいちばん頼りにしている長老的な人物としては、強制力はともかくとして、似合いの相手を考えておくということは不思議なことではない。だからこそ親族の人々から頼りにされているとも言える。この映画のばあい、原作があまりに短くて一本の映画にするには何かちょっとしたエピソードを加える必要があり、そのためには、可憐なヒロインがただ身分違いでありすぎる超エリート級の学生に失恋するだけでなく、いずれ適当で好ましい結婚をするだろうという安心感を残したわけであろう。

踊り子を演じる田中絹代は当時松竹蒲田撮影所でトップの人気を持っていた新進のスターだったから、ただ失恋の悲劇だけで終わらせるわけにはゆかなかったのかもしれない。

この「伊豆の踊子」では、主人公二人の間に直接的に恋愛が語られることはいちどもない。ただ仲良しとしてのとりとめのないお喋りがあるだけである。しかし二人が別れなければならない下田の港に近づくにつれて、ただのお友達から、殆ど恋人同士に近い密接な感情のありかたへと盛り上がってゆくのがこの作品の見所であり、たんなる旅のスケッチにすぎないようなストーリーが次第に、結ばれるはずのない恋の悲しみの心理的なドラマへと高まっていって感動的になるゆえんである。

これは恋であり、しかもその恋は確実に成就しないと分かっている。ただそこには自由な恋への憧れだけがある。その憧れだけでいい、その実現の可能性など、あまり考えないで、そんな憧れを持つことができただけで素敵ではないか。この映画が作られて評判になった一九三三年の、その四年後には前述した「愛染かつら」が日本映画史上空前のヒット作として現れ、そこでは同じ田中絹代が、恋の誓いがかなうと言われている桂の木に上原謙のエリート青年医師との身分違いの恋の成就を祈願したばかりに、彼の家族たちからのいわれのない大反撃、大バッシングを受けなければならなくなるのである。そして、そのバッシングに彼女が耐えていさえすれば物語は続くというわけで「愛染かつら」は三部まで続きながらハッピーエンドには至らない。

下田の港で、泣いて別れた「伊豆の踊子」の少女は、めんどう見の良い伯父さんが結婚相手を用意して待っていることもあって、それでいいのだ、と言ってあげることができる。

この物語は、恋愛は素敵だ、という、そろそろ一般にも普及しつつある新しい思想に味方している。しかし、それはまだまだ危険で現実に受け容れることは難しい。適当なところで避けるのが現実的であり、安全だと納得させてくれる。原作の小説が書かれ、最初の映画化が行われた昭和初期、一九三〇年代半ばには、それはまことに妥当で好ましい常識であり、判断だったに違いない。しかし、日本の敗戦後、日本文化のアメリカ化が急速に進んでから、「伊豆の踊子」の再映画化が繰り返され、青春映画の定番のようになったのはなぜなのであろうか。田中絹代版から二十一年後の一九五四年の、美空ひばり主演、野村芳太郎監督の作品にはじまって、数年おきに五本もリメークされるという人気があった。

どうやら、戦後のアメリカ化と恋愛肯定の気運の中で、われわれは、恋愛もいいが、それにはあきらめが大事、と改めて考えたようであった。改めてというより、恋愛にあきらめがつきものなのは昔も今も変わりはない、と、ただ確認しただけだったのかもしれない。

日本の恋愛映画は、恋愛映画というよりもむしろ、あきらめの精神を磨く失恋映画であることのほうが多かった。


敗戦からしばらく、当時たまたま十代だった私は、自由主義の国アメリカに占領されるという経験をして、自由と民主主義を啓蒙され、ときには積極的に勉強もした。そして、私は自由の核心のひとつは恋愛の自由ということだと思った。と言うより、夢中になって見たアメリカ映画からそう教えられた。国鉄の学校に入って卒業して現場に出て、すぐ公務員の大リストラでクビになったり、そのあと就職した日本電信電話公社ではしばらく臨時雇いという不安な身分だったり、まあ、社会の下積みのほうに私の人生は定着しそうな状況にあったから、アメリカ映画に見るような素敵な恋愛は夢のまた夢だと承知はしていた。だからこそ、私の人生では実現しそうにないことばかり描いているアメリカ映画やフランス映画だけでなく、ぐっと私の現実に近い、みじめったらしいことも多く描かれている日本映画も熱心に見たものである。

ただし、恋愛に憧れたのはいいが、私は女性に声をかける方法ひとつ知らないままだった。私だけではない。私の同世代の日本人の多くがそうであり、私より上の世代はいっそうそうだった。

男女交際の場なんて殆どなかったし、男女共学が始まったのは私が社会に出て敗戦を迎えたその直後にアメリカの軍政下で行われた学校改革からだった。

あの頃、戦前に輸入公開された外国映画のリバイバル上映が盛んに行われていて、そのひとつに、ジュリアン・デュヴィヴィエ監督の「舞踏会の手帖」があった。

これはフランス映画で、どこかフランスの田舎の話である。大地主らしい老婦人が古い書類などを整理していると、一冊の小さな手帖が出てくる。舞踏会でダンスの相手を申し込まれた男の名をメモしておく舞踏会の手帖である。それを見ていると、若き日に参加した舞踏会で相手を申し込まれた若者たちの姿がつぎつぎと浮かびあがる。みんな素敵な男たちだったし、素晴らしいダンスだった。

この思い出の場面はロマンチックなうえにもロマンチックに誇張されて描かれていた。たとえばそのダンス音楽は、書かれたスコアを逆にオーケストラで演奏したうえで、その録音をまた逆にして流したものだとか解説には書いてあり、そう言われればなるほど、妙に幻想的な響きのする玄妙不可思議なものだった。

ヒロインの老婦人は、その音楽に導かれるようにして、その手帖に記された名前の中から七人ほどを選んで、彼らを訪ねる旅に出る。そしてことごとく幻滅する、というお話である。

その男たちというのが、当時のフランスの映画演劇界のトップクラスの名優たちをそろえた顔ぶれであることがこの映画のウリで評判になった。

その旅から帰った老婦人が、ある晩、招かれて近所の公民館みたいなところで行われているダンス・パーティをのぞいてみる。

なんの風情もない、ただの田舎のダンス・パーティである。しかし、そこに、かつて自分があの舞踏会にデビューしたときと同じくらいの年頃の少女がいて、そこで若者たちが手をとり合って踊っている様子を見ながら――

「素敵！　なんて素敵なんでしょう！」

と、うっとりしている。

そこで老婦人はほん然として悟る。そうだ、自分が夢にまで見たあの若き日の舞踏会も本当はこんなものだったのだ。ただ、当時は自分も若かったから、そんな舞踏会もとてつもなくロマンチックなものに思えたのだ――と。

これは戦前に評判になった映画であり、戦後にリバイバルで見ても面白く、感動さえしたものである。しかしいま思い出すと、また別の意味で興味深い。フランスでは、ヨーロッパでは、いや西洋では、若い男女がロマンチックに出会えて一対一で言葉を交わせるよう、こういう機会がごく普通に用意されているのだ、と。

日本でもあのアメリカ軍の占領下の時代には、しきりと似たような催しが工夫されたものだった。いちばんよく行われたのは、スクエアダンスの会である。アメリカでは田舎でよく行われているという、男女が集団で手を取り合いながらやるダンスである。

しかしこれはあまり普及しなかった。理由ははっきりしている。テレくさいからである。頬かむりしていてもかまわない盆踊りならいいが、にっこりしていないとサマにならないスクエアダンスはどうも、ということだった。

恋愛の自由は謳われたし、それをふしだらと見なす言説は少なくとも表には出ないようになったのだが、だからと言って若者たちが積極的に恋をささやき合うようになったわけではない。そんな場所がなかったし、場所を用意しても、そんなテレくさい場所で話せる言葉も教育はされていなかった。ただ、恋愛はいいなあ、やれたらやってみたいものだなあ、という気分だけが生み出されて、恋愛映画も当然作られた。しかしそれはしばしば実現はしないと最初から分かっているような恋物語である。ただ憧れるだけの恋物語である。

敗戦の翌年の一九四六年に、木下惠介は「わが恋せし乙女」を作っている。これも一種の失恋映画である。

信州の牧場の話である。牧場主の家の前に女の子が捨てられており、女主人（東山千栄子）がその子を拾って育てる。その家にはその子より年上の甚吾という息子がいて、彼は彼女を妹のようにかわいがる。

やがて甚吾は戦争に行って無事に帰ってくる。娘は一人前になっている。成長して青年になった甚吾は原保美。年ごろになっている娘は井川邦子である。彼は彼女といっしょに牧場の作業をしながら、彼女に恋を感じる。かねがね母親も二人を結婚させたいと思っていることが分かって、彼は彼女に結婚話をしようと決心する。

ところが、彼女も、彼にうちあけたいことがあると言う。じつは彼女には、もう恋人がいるのである。戦争中に疎開してきた片足の不自由な戦傷者で、役場に勤めているインテリである。二人は、祭の日に互いにうちあけっこしようと約束する。祭の夜、花で飾った馬車で牧場から村落まで行く途中、彼女は恋人のことを彼にうちあける。彼は悲しみをこらえながら彼女を祝福し、自分の気持ちはうちあけない。牧場を訪れた彼女の恋人とも、彼と母は快く話し合い、祝福する。

大正十三年に、チャールズ・レイ主演のおなじ題のアメリカ映画が日本で公開されており、これはその翻案だが、いかにも一九二〇年代アメリカ映画ふうのストーリーである。そもそも高原の牧場を若者たちが馬で走りまわって恋をする、というイメージ自体が、日本の土着のものではなくて一九二〇年代のアメリカ映画のパターンである。アメリカ映画の影響で日本でも牧場を舞台にした田園ものというジャンルが無声時代からあるが、田んぼを這いまわる農民より牧場を馬で駆けるほうがハイカラな感じだから流行ったのであろう。

戦争でひどいめにあった者が村に帰って田んぼを耕すというのでは夢にならないが、高原の牧場で馬を走らすとなると夢になる。

バスター・キートン主演のアメリカのサイレントの喜劇で、キートンがとっても恥ずかしがりの青年で、そのために恋している女性に声をかけることもできず、いつもただモジモジとつっ立っているばかりで、とうとう愛する彼女とデートできないという場面から始まる作品があった。

日本だったら恋する相手に声をかけられない男というのは当たり前のことだから、これはただ切ない辛い場面というだけでギャグにはならないが、万事積極的であることを良しとするアメリカの映画だからこれが滑稽なギャグになる。そういうギャグはアジアではとくに共感されて、日本や中国では昔はよく真似されたようである。

早く上手く愛の告白ができなかったために失恋するという失恋劇の「わが恋せし乙女」がサイレント時代のアメリカ映画の記憶による作品だというのは興味深い。アメリカ人だって愛の告白にはモジモジする。モジモジするほうが純情で好ましいし、純情というのは古くはアメリカ映画好みの情感であり、西洋の影響を受けたいアジアの若者たちにとって親しみやすい感情でもあった。

アメリカ映画に純情という表現が発達していたのは、アメリカがとくに人々の移動の激しい社会であったからかもしれない。旅することの多い社会では知らない人との初対面の機会が多く、知らない人との出会いでは恥じらうことも多いだろう。よく恥じらうことのできる若者は純情なのである。すでに述べた「伊豆の踊子」が、旅で出会った身分違いの若い男女の、恥じらうことの多い純情な出会いの物語であったように。

「わが恋せし乙女」は実の兄と妹のように育った男女の物語であるが、結婚の相手として見るとそこにはまた特別な恥じらいの感情が生じる。とくに男にとっては純情を自覚させられたに違いない。

純情によって改めて自分と相手のあるべき態度が自覚され、モジモジするのである。一口に西洋と言ってもアメリカ人は旅する機会がヨーロッパ人よりずっと多く、また階級や人種の違う相手との出会いが多くて、モジモジする機会は多かったに違いないし、またそうした異質な男女の出会いを尊重して、モジモジすることの形を高める工夫もして映画表現にも反映したに違いない。それが、近代化をめざす時期のアジアの近代の映画にはとくに鋭敏に受け止められたと思う。

木下恵介の「わが恋せし乙女」が一九二〇年代のアメリカ映画の記憶から生まれたこと、その前後に「伊豆の踊子」の映画化が繰り返されたこと、そこに一貫しているモチーフは〝純情〟であること、などをここで注意しておきたい。純情な男女はモジモジする。そしてそのまま別れてしまうことが多い。キッスも抱擁もなしに別れても、そこに愛があったという記憶は濃密に残る。それも恋愛映画である。というより、かつて日本映画で恋愛映画と呼ばれた作品には、じつはそうした失恋映画が多い。多いというより、むしろそれこそがとくに日本では恋愛映画だったのだ。そのもっともすぐれた作品としては、やはり木下恵介の「野菊の如き君なりき」であろう。

風物的抒情に関しては天才的な映像感覚の持主である木下恵介監督の作品の中でも、風物の詩情でひときわぬきんでているのがこの作品である。信州の山と河、野と雲、百姓家と小道、その美しさを、さながら墨絵のような、絶妙のカメラ(楠田浩之)で撮し出し、そのわびしさとなつかしさは、ほとんど溜息が出るほどであった。

原作は近代日本の恋愛小説の古典とも言うべき、伊藤左千夫の「野菊の墓」である。「墓」という言葉が映画の題としては客に嫌われるというのでこう改題した。伊藤左千夫は歌人であり、年をとってから若き日の恋の体験をふり返ってこの小説を書いたので、映画でも、老人（笠智衆）が故郷を訪ねて、道々、短歌をつくりながら、かつての思い出の地を歩いて少年時代の恋を回想するという形式をとっている。したがって画面の大部分は回想シーンであるが、昔の写真のように楕円形の白いぼんやりした枠で囲んで、古めかしい気分を出している。

老人、斎藤政夫の少年時代（田中晋二）、それは明治の半ば頃である。彼の家は村の旧家で、父はなくなり、母（杉村春子）が一家をとりしきっていた。政夫が十五歳のとき、母が病弱のため、政夫より二つ年上の従姉の民子（有田紀子）が家に手伝いにやってきた。二人は幼馴染であり、とても仲が良く、その仲の良さは近所の人が恋仲として噂するほどだった。意地悪の兄嫁（山本和子）や、女中のお増（小林トシ子）までが、二人の間に何かあるようにコソコソ言い合っている。それで母からも注意されるが、二人はかえって好きになる。ある日、母の言いつけで二人で一緒に山の畑に作業に行き、道々、「政夫さんはりんどうのような人だ」「民子さんは野菊のようだ」と言い合った。もう、はっきり恋し合っている二人だった。しかし、帰りがおそくなった二人は家中から不愉快な眼で見られ、親しく口を利き合うことも難しくなった。まもなく、政夫は母の命令で町の中学校の寮に入れられた。冬休みに帰省すると、民子ももう実家へ帰されていた。お増の言葉では兄嫁の中傷のせいだという。あんな意地悪な人と一緒にいたくない、と言って、お増も斎藤の家を去った。政夫がまた学校へもどって、しばらくすると、電報で呼びもどされた。民子が嫁に行って、出もどりになって病気で死んだのだという。そして、死んだ民子は、政夫の手紙をしっかと握りしめていたのだそうである。母はそのことを政夫に言って、二人の仲をさいたことを泣いて民子にわびた。民子の祖母は、民子が母に叱られて嫁に行ったときのことを話してくれた。民子は、どうしても他家に嫁には行きたくなかったのだが、政夫の母から、まだ若すぎる政夫の嫁にはできない、と、きっぱりと言われてあきらめたのだった。祖母はもっと民子の気持を汲んでやったら、と言ったが、みんなは聞かなかった。民子はそのまま、何も言わずに嫁に行き、以後、死ぬまで、政夫のことを思いながら、その名は決して口にしなかったのだった。

田中晋二と有田紀子は、木下恵介がこの映画のために起用した無名の少年少女で、とくに演技力があるわけでもなく、とくに美男美女というわけでもなかったが、ひなびた風景にふさわしい似合いの一対としてよく〝絵〟になったし、杉村春子をはじめとする達者な俳優で固めた脇役陣は、昔の田舎の旧家の、かたくなな封建的な気風をよく出していた。ことさらに農村の遅れた面を誇張するというわけではなく、古い農家の堂々たる風格も良くにじみ出させ、日本的な情感というものを、まことに切々と流露させていたのである。一木一草までが生々と呼吸している映画ではあった。

「青い山脈」「また逢う日まで」「故郷は緑なりき」

一九六一年のニュー東映作品に「故郷は緑なりき」というちょっとした佳作がある。原作富島健夫、脚本楠田芳子、監督村山新治である。

描かれているのは、山形か新潟か、地方の小都市の高校生同士の恋愛である。時代はまだ太平洋戦争の敗戦後三年目ぐらいのことだろう。

日本にやってきたアメリカの占領軍は直ちに教育制度の改革に取り組み、従来の小学校六年、中学校四年乃至五年を改めて、中学校三年、高校三年とし、中学からは原則的に男女共学としたのである。まだ義務教育ではなかった高校の場合は男女別学もあり得たが、公立の旧制中学校と高等女学校はこのとき男女共学の新制の高等学校になった。しかしこの映画に描かれた主人公たちは、熱い恋愛にとび込む年頃の若者たちだけれども、まだ男子校と女子校に別々に通っているから、まだ一九四七年の学制改革以前のことと見なければならない。男の兄が闇の担ぎ屋をやって家族を支えているというのも、ちょうどその頃にふさわしい。

男は小島海彦（水木襄）、女は志野雪子（佐久間良子）。別々の町から、ちょっと大きな別の町にある新制の高校と高等女学校に通学している。女子だけの旧制中学校を昔は高等女学校と言ったのである。

二人はいつも通学の列車で一緒になり、互いに意識して同じ客車の同じ椅子のあたりで出会っては視線を合わせ、やがて名乗り合うようになる。当時はまだ、人目のあるところで親しそうになどしていたら不良とみなされて、たいへんなことになった時代だから、口を利くといってもごくごくひかえ目なものだ。あとで分かるが学校でも男女交際は禁止されているのだ。

あるとき、この通学の列車が超満員で、海彦は入口の開いたドアの外にやっとぶら下がった格好で乗っている。そこに別の駅のホームで雪子がやってきて乗ろうとするので、海彦は彼女を自分の内側に入れて自分は外側にぶら下がったまま彼女を支えてやる。

敗戦後二、三年なら鉄道ではよくあった状況である。こうしてお互いの学校のある町の駅に着く前に、海彦のかぶっていた帽子が風に吹きとばされてしまう。

その日の下校の時間に、海彦が、帽子のとばされたあたりを歩いてさがしに行こうとすると、雪子は自分の責任だと言って一緒についてきて、帽子が落ちていると思われるあたりを二人で一緒にさがす。さがすというよりは、これは男女交際が禁じられている状況下では素敵なランデブーの口実が出来たようなもので、別にラブシーンらしいしぐさや会話はないけれども、あの時代としてはいいラブシーンになっている。

結局、帽子は見つからないけれど、雪子は帽子を買って彼にプレゼントし、これを機会に二人は急速に接近し、人目を避けて会い、ついには海彦は雪子の家に招かれるまでに至る。

海彦は田舎の本当に貧しい家に父と兄と三人で暮らしていて、学校を出たらすぐ働くつもりでいる。雪子のほうは家は豊かそうで、金持というほどではないにしても田舎町では上の下か中の上ぐらいの家柄に見える。

明らかに両家には家柄の格差があり、当時の常識からすると雪子の家族が海彦を警戒してもおかしくはないのだが、知的でもの分かりがいい家族で、戦後民主主義の恋愛の自由という思想を尊重しているからか、海彦が雪子と交際することに雪子の姉をはじめ誰も警戒はしない。

じっさい、海彦も雪子もまじめで純真な少年少女として描かれている。戦後民主主義であろうとなかろうと、物語の世界では、純真な若者同士が接近すれば当然愛し合うべきである。そして結ばれて幸福になるべきであるのに、なぜかたいてい邪魔者か不運なことがあって、悲しい別れの結末になって人々を泣かせる。それがもう古くから多くの恋物語のおきまりの形である。

この映画もその常道を忠実にたどる。

まず邪魔者として現れるのは海彦の同じ学校の上級生の不良である。暴力でかなりの人数の子分を従えている。海彦には同級生にやはり暴力的な不良の友達がいるのだが、こっちは海彦が暴力に屈しない気骨があることで向こうから意気投合してきていて、いい関係を保っている。上級生のほうを不良Aとし、同級生のほうを不良Bとすると、不良Aは海彦が雪子と交際していることに目をつけて、不良Bをつうじて雪子を自分に紹介しろと海彦に言ってくる。不良Bがそのことを海彦に伝えると、当然、海彦はことわる。すると不良Aは直接海彦にしつこくからんでくるようになる。不良Bは、はじめは海彦に不良Aの要求を受け容れてやれよという態度でいたのだが、そのうち、自分の仲間を集めてこの機会に不良Aから権力を奪取する気になったようだ。それがA派とB派の集団抗争に発展する。

この間、海彦は、雪子から貰った写真を鉄道のパスにはさんでおいたのが先生に見つかって、男女交際を禁じた校則に違反していると問題になって困っている。

たぶん、校長に知られたら退学さわぎぐらいにはなるところなのだろう。それでまず、三國連太郎の演じる若い教師が、もうひとりの女教師と二人で海彦を自分の家に呼び、男女交際は原則的には悪いことではないけれども、という立場で海彦に説教する。恋愛はそれだけではすまない、その先の覚悟はあるのか、というわけだ。海彦はそこで、雪子とは結婚を誓っている、と言う。三國連太郎の教師は、それならいいだろう、と味方になってくれる。

海彦と雪子はまだ高校二年生という設定なので、ほんとにそれで結婚の約束をしたり、それを教師が認めたりしていいのか、なにかもっと他に言いようはないのかとハラハラするが、まあ、恋とはそんなものだろう。

海彦は不良Aと不良Bのそれぞれのグループの大衝突が進行中であることを知っており、自分に関係のあることだから自分が止めに行かなければならないと気が気でないのだが、そのときもう、近くの神社の森では大衝突が始まって、死者ひとりに怪我人が何人か出る大事件になっている。

警察の捜査に校長は積極的に協力して、海彦を重要な容疑者のひとりとしてさし出そうとするほどだが、さいわい海彦は衝突には直接には参加していないことが証明されて助かり、無事釈放される。

そしてラスト。海彦は闇の担ぎ屋をしていた兄が苦労して自分の店を持つようになって経営も上手くいったので、高校を出たら就職するつもりだったのが大学に行けるようになる。そして休暇で久しぶりに帰ってきたとき、駅に出迎えた兄から、今朝とつぜん、雪子さんは急病で死んだ、と知らされる。それでお葬式の場面があり、お墓の前で嘆く海彦の姿で終わりになる。

この映画は一九六一年の公開当時には、一部には純情掬すべき佳作としてほめた批評家などもいたが、一般的にはあまり評判にはならなかった。

しかしいま見るとこれは、一九四八年頃の世相風俗を描いた作品として、とても貴重なものである。同じ時期の、つまり旧制の中学、高校から、新制の中学、高校に切り替わる頃の学校教育のあり方と、そこでの男女交際に対する学校の態度を比較すると多くのことが分かる。

この時期の日本の中等教育のあり方を描いた作品で有名なものに、一九四九年公開の「青い山脈」がある。石坂洋次郎原作、井手俊郎脚本、今井正監督である。この作品は大ヒットしたし、戦後民主主義教育の、模範的なあり方を示したような好ましい作品として好評でもあり、その後何度も何度もリメークされたものである。

「故郷は緑なりき」と同じように、「青い山脈」も、学制改革の頃の東北のどこかの地方都市を舞台にしている。正確に言えば学制改革前の地方の町の高等女学校である。「故郷は緑なりき」では主人公の学んでいる高校は男子校で、同じ町の高等女学校を意識したと思われる男女交際禁止の校則を持っている。

厳密に言えば一九四七年の新学制発足のときに公立の旧制中学校は新制高校になり、そこでは男女共学が原則になったはずなのだが、この映画の舞台となる学校はすでに新制高校になっているはずなのにまだ男子校と女子校が別々になっている。このあたりそういうこともあり得たのかどうか調べてみなければならないのだが、いま私にはちょっと分からないとしか言えない。

もしすでに男女共学になることが決定していたけれども、都合でまだ実施されていないというのであれば、校長はじめ教師たちがこだわる「男女交際の禁止」という校則はそのままでいいのかどうか、問題になるところである。

そして、そんな校則の内容が実生活で本当に生きて、力を発揮しているところから出発したのが「青い山脈」のストーリーなのである。

「青い山脈」では、最初にその町の小さなお店で、男しか入学できなかった旧制高等学校の学生と、都会からこの町の高等女学校に転校してきた女学生とが出会って、ちょっとした滑稽な会話になる。その様子を誰かが見ていて、男女関係上あやしいと疑って、スキャンダルとして高等女学校に噂を流す。すると男女の交際はすべからく禁止しなければならないという信念を持つボス的な女生徒が、ニセのラブレターを書いてその転校生にこっそり渡す。どこか他人の分からない場所に来て密会してほしいという内容である。どうせ自分をからかって笑い者にしようとする誰か同級生のタチの悪いイタズラにちがいないと見破った転校生は、その手紙を原節子の演じる担任の英語教師に渡して、こういうタチの悪いイタズラは止めさせてほしいと訴えるのである。

先生は承知して、授業のとき、その手紙の内容をクラスの生徒たちみんなに話し、これは悪いイタズラであるとしばらく説教する。そもそも恋愛を卑しい行為のように思って、恋人たちをさらし者にして笑おうとする考え自体が間違っている、と言うと、そこでとつぜんクラスの中のその主謀者が泣きながら立ち上がって、自分たちは純粋な愛校心からふらちな男女交際者をいましめようとして行動しているのに、先生は無理解もはなはだしい、と主張する。

女生徒たちの意見は二分され、保護者たちがそれで動いて町の意見も真っ二つに割れる。町全体が二派に分裂して対決するという大騒ぎになる。

「青い山脈」の、この女学校には男女交際禁止の校則があるのかどうかは明らかではないが、あってもなくても、現に男女交際を厳しく禁止しなければならないと主張する勢力は存在するのである。「青い山脈」では結局、保護者の代表たちの集まりが学校で開かれ、そこで読みあげられた問題のラブレターなるものが、じつは「恋しい恋しい私の恋人」という文句が、「変しい変しい私の変人」と間違って書かれているほど学力の低い文章であることがバクロされるというような笑いをいくつも重ねられて、問題提起とも言えない程度の低いものであると分かり、笑いのうちに否定されて、男女交際の自由という進歩的な思想が認められてメデタシメデタシとなって終わる。

まあ、その後、常識となる男女交際の自由も、一九四七年頃の段階では、下手をすると当事者は退学にもなりかねないほどの深刻な問題だったことを、原作者の自伝的な物語らしい「故郷は緑なりき」は明らかにしている。

「青い山脈」は悪く言えば占領軍の占領政策の尻馬に乗って当時の日本人の遅れた人々をバカにして笑っているにすぎないようなノーテンキな笑い話である。「故郷は緑なりき」は、下手をしたら高校を退学になっていたかもしれない危険をおかしてまでも幼い恋愛を貫徹する物語である。幼稚な恋人たちの幼稚な恋愛こそが、もっと早い時期に、もっと力強く励まされるべきだったと訴える。

ただ、「青い山脈」の男女交際禁止派の古くささと愚かしさを小バカにしたにすぎなかったような笑いも、あの時代には必要なものだったことも疑いないところである。ただそうして笑って男女交際の自由化を支持したはずの日本人が、ではどれほど、自由に上手に恋愛をやれるようになったかはまた別問題である。

「青い山脈」は、男女の交際は自由であるべきだと宣言してそれを国民的合意だと言っていいくらい普及させたヒット作だった。それで国民を気持ちよく笑わせることに成功した作品なのであるが、しかしこの映画自体は恋愛映画ではないのである。最後に原節子の先生支持派の男女がみんなで自転車で海辺へサイクリングに行く場面がある。そこでみんながワイワイお喋りをしたうえで、この映画の最初の場面でお喋りした池部良の旧制高校生と、杉葉子の女学生は恋仲になりつつあると認定し、それなら互いに愛を告白し合うべきだという要望になる。そこでみんなが、まず池部良に、愛の告白をしろと言う。「ぼくは彼女を、好きだ、好きだ、好きだ」と言えとシナリオにも書かれてあるのだから。しかしこのとき池部良は、衆人環視の中でカメラに向かってこんなセリフを言うことはできない、と、どうしても恥ずかしがって拒否したそうである。そこで結局、カメラには背を向けて、海に向かってこのセリフを絶叫するというのがラストシーンになった。

つまり男女交際の自由化という原則には諸手をあげて賛成だが、それを実際に西洋人のように上手に言う技術は持ち合わせていないし、ただ感情をこめて言ってみるだけでも容易なことではないという日本人の現実を、こうしてとっさに表現してしまったのだ。

この作品の翌年の一九五〇年に、今井正監督は水木洋子のシナリオによって「また逢う日まで」をつくる。戦争中、まさに国民が国家のために命を捧げようと戦争に夢中になっていたとき、正にそんな普通の人々の行動がうとましくて、それぞれが一人で世相をうとましく見据えていた若い男と女が、出会って恋をする物語である。

男は岡田英次の演じる学生、女は画家を志しているが絵の売れる時代でもなく、孤独なまま東京のあちこちを歩いている。そんな二人が空襲を逃げまどいながらたまたま知り合い、意気投合し、恋をし、ついに二人は、当時まだ林のあった世田谷かどこかの彼女のアトリエでロマンチックに肌を合わせようとするところまでゆく。しかし当時の精神主義的な若者によくあった、もし自分が戦場にかり出されて死んだらどうなるか、愛する女性は処女のままにしておかなければいけない、という思いにとりつかれたようで、そのまま性行為はせずに帰ってゆく。

彼が彼女の家を出たとき、窓の内側から見送っている彼女の家の外に戻ってきて、ガラス越しにキッスを交わす。この場面は精神的に美しいラブシーンとして有名になった。そしてラストは、彼女が都心の駅で空襲に遭って死に、彼も召集されて戦死したことを示す死者の写真の場面で終わりになる。

この作品はラブシーンの美しさで評判になり、とくにガラス越しのキッスはしばらく伝説のように語られつづけたものだった。

敗戦の翌年、占領軍の映画担当官が日本映画にキッスシーンがないのは不自然だと言って、キッスシーンを要求した。そんな恥ずかしいことを、と日本の映画人たちは悲愴な思いでキッスシーン入りのラブシーンを作った。だからキッスシーンは、まず屈辱感やら劣等感やらの入りまじる奇妙な異物だったのだ。それを努力して映画的な美しさのあるものに高めてきた。それで僅か四年でこんなに美しく、気高ささえ感じさせる表現に高めたものだと感動したのである。

それにしてもガラス越しとは。ナマの唇のナマナマしさを消して冷静さすら感じさせる立派な表現だ。日本映画ならではの工夫だろうな、などと考えて、私は原作だというフランスのロマン・ロランの小説「ピエールとリュス」を読んだ。するとそれがちゃんと原作にもあったのには驚いた。それから疑問が生じた。

戦争の反省はわれわれ自身の経験からいくらでも生まれてきそうなものなのに、なぜフランスの第一次世界大戦の経験を借りてこなければできないのだろうか、と。

もうひとつ、この作品には別な疑問もあった。あの戦争の最中に、こんなに美しくロマンチックな恋愛を反戦的な意志のもとでやっていた青年たちがはたして日本にいたか、という疑問である。ずっと後に、作家の安岡章太郎が執拗にそのことを問うていた。あまりに執拗なので、たくさんの青年男女のなかにはどこかにいたかもしれないじゃないか、と心の中で呟かずにはいられないほどだった。

私は敗戦のとき十四歳だったし、そのとき入隊していた海軍の少年兵部隊では正に「また逢う日まで」の学徒出陣兵のなれの果てみたいな学徒将校に何人も出会った。そして、鬼兵曹どもがわれわれ少年兵に無法なリンチを加えるのを見て見ぬフリをするインチキな野郎どもだというふうに彼らを認識したもので、のちに彼らの遺稿集の「きけ　わだつみのこえ」などに結晶した高貴な精神性など何も感じなかった。

しかし、だからといって「また逢う日まで」に描かれた美しいキッスをする青年をウソだとも思わなかった。いやそうは思いたくなかったのだ。私の知らないところにもいろんな青年がいたはずなのだから。そしてその青年たちをどう理解するかは人によるのだから。

確かに今井正はリアリストではない。どんなものの中にも美しい面しか見ない人である。理想しか語れないと言ってもいい。その良さが「青い山脈」にもあったし、「また逢う日まで」にもあった。

　ただ男女交際はいいことだ、とは言えても、恋愛はどうしたら美しくできるのかということになると具体的には表現できないし、これは本当に美しい恋愛だと思うと、じつはフランスの真似なのだった。それでもいい。私はその主張に賛同し、それを美しいと思って感動したのだから。ただその弱点は知っておく必要があるだろう。

「青い山脈」では、善男善女に男女交際は良いことだと納得させることに軽々と成功したと思ったが、現実には同じ頃、男女交際禁止の校則を武器にした校長から警察に引き渡されかけていた新制高校生もいたらしい。それらを多角的に見てやっと現実に迫ることができる。「青い山脈」だけで一九四七年頃を戦後民主主義の花盛りのときとも言えないし、「故郷は緑なりき」だけを見て日本はまだこんなに遅れていたと思うのも悲観的でありすぎるであろう。現実は両者の葛藤のありようできまるのである。

　今井正は夢と理想を甘く甘く語るときが良く、現実に対しては頼りないことしか言えなかったようだ。しかしわれわれには甘い夢だって必要なときと場合があるのだ。

　しかし、さて、その年の「キネマ旬報」ベストテン三位に入賞して名作のほまれも高い今井正作品の「青い山脈」と、ベストテンでは三十位から三十四位の間に同点で並んでいる村山新治作品の「故郷は緑なりき」とでは並べて比較するのも難しい。

「青い山脈」は長く続いた争議がやっと一段落して傷だらけだった東宝が再起をかけた期待の大

作だったし、原節子、池部良、木暮実千代などなどトップ級のスターを並べたバリューもあり、プロデューサーとして東宝を背負うことになった藤本真澄が全力を傾けた作品だった。

他方、「故郷は緑なりき」はニュー東映の作品だった。ニュー東映とは何か。これはアメリカ軍の占領下の時代に時代劇は封建思想の温床と見なされて時代劇スターたちをたくさんかかえながらチャンバラを制限されて困っていた東映が、占領終結後に時代劇の復活に成功し、ウケに入って大儲けして、ついにはもう一コース、配給網をふやしたときに作った安かろう悪かろうの低予算作品群のことである。さすがにこれは大失敗ですぐ中止になったが、あまりに水準が落ちたので批評家たちもあまり見なかった。だから、「故郷は緑なりき」は、これを見た少数の批評家が良い作品だという寸評を残したので、三十位にしろベストテンの記録の端に残ったので、そうでなければ本当に忘れられてしまっていただろう。

村山新治監督は東映では教育映画部の出身で地味な存在であり、B級作品ばかりやらされていたが、それでも「七つの弾丸」（一九五九）や「白い粉の恐怖」（一九六〇）などは知る人ぞ知る佳作として少数の人たちには知られていた。

主役の雪子役の佐久間良子はその後スターのひとりになるが、海彦役の水木襄はこのあと東映が量産する不良少年ものの不良役が多くてスターというほどの存在にはならなかった。「故郷は緑なりき」が代表作ということになるだろう。

「夜の河」

戦前の一九三九年の「暖流」で、古いメソメソした日本的な恋愛情緒ものとはっきり絶縁した理知的な新しい近代的な恋愛映画の形をつくりあげた吉村公三郎は、その後も、日本映画界でもっとも鮮やかに近代的個人主義の精神をつかんでいる監督と目されつづけてきたが、それがもっとも円熟した表現となって表れたのがこの「夜の河」（一九五六）であったと思う。ミス・ニッポンとして映画にデビューして数多くの主演作品を出していた山本富士子が、名実ともに日本映画界のトップ・スターとなった作品でもある。

彼女が演じたのは京都の老舗の京染めの店の娘で、ろうけつ染めの名手である。妻のある学者（上原謙）と恋をするが、長らく病んでいた彼の妻がなくなって結婚を申し込まれたとき、彼女はその申し出をきっぱりとことわる。彼の妻がなくなれば結婚できるなどと、自分の幸福のために他の誰かの不幸を期待するような気持ちがあったことを自分で不純だと思って自分で許せなかったからである。潔癖すぎるようでもあるが、それが彼女にとっては本当の女の自立なのである。だからあきらめではなくてむしろすがすがしいほどであり、それを吉村公三郎は本当に美しく描き、山本富士子も陰のないきっぱりした美しさで演じた。

惚れたはれたより、自立した女としての自尊心の確立のほうが大事。こういう自覚が現れた。これは記録されるべき進歩だろう。

さいごの、恋を断念して仕事にはげむ彼女の家の前をメーデーの赤旗が行く場面を、小津安二郎は、吉村公三郎に、お客にジャリを食わすようなことはするな、と言ったそうである。たしかに、それまでの日本美いってんばりの画調に突然プロレタリア意識が闖入してきたような唐突な印象は受けるが、伝統美を近代的な精神で洗い直して更に人民の中へという、吉村監督の意欲は、ほとんどほほえましいばかりである。

なお、女主人公がろうけつ染めの名手ということで、染ものや呉服の傑作が美しいカラー撮影（宮川一夫）で画面をいろどるが、これの成功がひとつのきっかけとなって、のちに京都を舞台にして伝統美術工芸をあしらった恋愛映画がつぎつぎにつくられた。

第三章　アメリカとヨーロッパからの声

メロドラマの時代

一本の映画に夢中になって、繰り返し繰り返し何度も見るということは映画好きにはよくあることだが、私が最初にそうなった作品は一九四七年のアメリカ映画で、マーヴィン・ルロイ監督の「心の旅路」である。

甘い甘い通俗恋愛映画であるが、当時たしか十七歳だったはずの私は、その甘さに本当にうっとりして連日映画館に通った。

第一次世界大戦当時のイギリスの病院に、戦場で記憶喪失になったスミスと呼ばれる将校が収容されている。彼は自分が何者か分からない。演じるのはロナルド・コールマン。それでも劇場でショーを演じているポーラという女性と知り合って恋をして結ばれ、田舎の小さな家を借りて世帯を持つ。幸福な生活である。しかしある日、交通事故でショックを受けた彼は、こんどは現在の記憶を失い、昔の記憶だけを思い出す。それで彼は、ポーラとの現在の生活にもどれず、大ブルジョアだった元の家族の家に帰る。そして何年かたって、立派なブルジョアとして生活している彼の会社に、ひとりの女性が入社してきて、彼の秘書になる。これがポーラなのである。彼女は彼が生家にもどったことは知っていたが、私が妻ですと名乗り出ることはしないで実力で彼の会社に入社し、評価されて秘書になるのである。やがて彼は、彼女との生活を思い出せないまま再び彼女を愛するようになり、再び彼女に結婚を申し込んで正式に結ばれる。それでもすでに何年も前に彼女と結婚していることは思い出さない。そしてある日、仕事で地方の町に出張した彼は、なにか記憶が甦ってきて、記憶をたどって町外れの田舎へ行くと、そこにかつて彼女と暮らした家がある。そこに彼女もやってきて、彼の記憶も甦り、抱擁して、メデタシ、メデタシで終わる。

いくらなんでも、今ならとても使えないストーリーだと言わざるを得ない。都合のいいときに都合がいいように記憶喪失が起こる、話がうますぎる、ということは当時から気がついていたと思う。しかしそれでも、さあ気がつくか気がつかないかとハラハラドキドキしながら見て、さいごに本当に分かるところで、良かった、良かったと満足した。

十七歳にもなっているのに私が幼稚だったとは言えると思うのだが、じつはこの作品はその年の「キネマ旬報」のベストテンで上位に選ばれている。批評家たちによるこのベストテンは当時あった殆ど唯一の権威ある映画賞だったものである。まあ、敗戦後まだ二年、外国映画で日本に入ってきていたのはアメリカ映画だけでその本数は限られていた。だからこんな大甘な通俗映画でも、それなりに上手く作られていれば批評家たちも評価したのだろう、とは言える。しかしそれにしても、こんな大甘なご都合主義のストーリーでねえ、という感慨は残る、というところだろう。

私には主役のポーラを演じたグリア・ガースンが格別に素晴らしかったということは確実に言え

る。イギリスの女優で、アメリカで出演した「キュリー夫人」や「ミニヴァー夫人」が有名である。とくに後者は名匠ウィリアム・ワイラーの端正な演出でじつに美しく、立居ふるまいも立派であり、彼女の代表作である。なにしろ美人だった。しかしそのわりに彼女を好きだと言うファンが多くはないのは、ちょっとお上品で、ツンとすました印象があったせいであろう。

同時代で人気のあったハリウッドのスターというと、まず名前があがるのはイングリッド・バーグマンである。バーグマンのほうが親しみやすく、演技力も抜群であることは認めるが、私はガースンの品の良さにまいっていた。それを逆に、冷たくとりすましていて親しめない、と思う人のほうがぐっと多かったようだ。日本での人気投票では比較にならないほどバーグマンが高く、近年ではガースンを記憶するファンなど殆どいないみたいだ。

どうやら私は、グリア・ガースンが喜びの表情を浮かべるか浮かべないかで感情移入しながら「心の旅路」を見ていたようである。

この映画の記憶喪失という手は、その後、二流三流の恋愛映画によく用いられた。相思相愛の恋人たちが会ったり別れたりを繰り返すことでかつては多くの恋愛映画が観客をハラハラドキドキさせたのであるが、昔は、親が、息子や娘の恋愛を、身分違いだからダメだとかいう理由で反対することが多かったから、そこにドラマを設定することができた。しかし今では、民主主義のおかげで、身分違いなどは反対の理由にならない。身分違いにかぎらず、本当の愛があればたいていの障害は乗り越えることができるはずだというのが現代の大義になっている。こうなると恋人たちを本人の努力やまごころや純愛と関係なしに引き裂くには記憶喪失か戦争ぐらいしかないということになる。しかしまあ、記憶喪失というのは滅多にないことだから、どうしてもわざとらしいということになる。

マーヴィン・ルロイ監督はこのあと「哀愁」（一九四九）を作る。この作品では恋人たちの相思相愛の仲を引き裂くのは戦争である。

第一次大戦当時のロンドンのウォータールー橋の上でドイツ軍の空襲を受けた群衆たちの中に男と女がいて偶然知り合う。ロバート・テイラーの若い将校と、ヴィヴィアン・リーのバレエのダンサーである。二人のひとしきりロマンチックなおうせが描かれる。しかし男は戦場に行き、女はいろいろ苦労して辛い生活をしたうえで男の戦死の誤報を知って絶望して売春婦に身を落とす。

やがて男は帰還し、再会する。男は早速結婚の手はずをとる。しかし女は、いまさら結婚はできないと男のもとを去り、思い出のウォータールー橋まで行って死ぬ。そこへ男がかけつける。そこでぐっと時間がとんで、今、大佐になって第二次大戦に出征する彼がここに立って、彼女の思い出にふけり、そして戦場へと向かってゆく。

当時、これはラブロマンスというものの模範的な作品であるように思われた。

美男と美女がいる。男を演じたロバート・テイラーは当時アメリカ映画で屈指の美男スターであり、女を演じたヴィヴィアン・リーはイギリス出身でハリウッドの超大作、超ロマンチックな「風と共に去りぬ」のヒロインに抜擢されて、見事にそれをやってのけていた美女である。

アメリカは世界でいちばん豊かな国、そのアメリカが一目おく国は当時はイギリスしかない。つまりこの組み合わせは当時としては世界の美男美女の組み合わせのトップということになる。

この二人の恋が悲劇に終わるのは、そんな美男美女が仕合わせな結婚をして仕合わせな人生を送ったりしたら、世界はあまりに不公平だということになるからかもしれない。

なぜかラブロマンスは美男美女が演じることになっていて、醜男と醜女の恋愛映画というのはちょっと見たことがない。

美男美女のほうが観客は感情移入しやすく、自分がその人物であるかのように錯覚して、自分がその役のラブシーンを実際にやっているかのように思ってうっとりしやすいからであろうか。まあ自分自身、経験的にそうだと言いたい気分でロマンチックな映画を見ていたこともなくはないが、冷静なときはまあだいたい、これは自分の人生には起こらないこと、起こるはずのないこと、と思って見ている。ロマンチックな作品であればあるほどそうであり、ときには映画というものは美男美女を特権化し、醜男醜女を差別する習慣をつくり出す文化ではあるまいかとかんぐる気持になることもある。

そして、もしかしたらロマンチックな映画に悲劇が多いのは、美男美女が必ずしも仕合わせではなく、ロマンチックな恋愛というのはむしろ悲劇に終わることが多いとして、醜男醜女のきげんをとっているのかもしれない、などと疑ったりさえしたものである。

美男美女が目出たく結ばれて仕合わせな生涯を送りました、なんて映画、あったかしら。

まあ「心の旅路」も美男美女の恋物語であり、ラストで改めて結ばれてからは仕合わせな人生が送られるのだと思うが、彼と彼女はそうなるまでにさんざん苦しみ、困っている。だからこのラストシーンのあとは文句なく仕合わせになってほしいと思う。

「哀愁」のほうは、私としては微妙に反発するものがある。なんだか美男美女だからこそ、ことさら悲しい運命を強制されているような感じがしなくもない。

「哀愁」は日本映画に相当な影響をもたらした。菊田一夫の連続ラジオドラマの大ヒット作から大庭秀雄監督で映画化されてやはり大ヒットになった「君の名は」三部作（一九五三〜一九五四）がそうであり、水木洋子のシナリオで今井正が監督した反戦映画の名作「また逢う日まで」（一九五〇）もそうである。

戦時下の空襲で逃げまわっていた美男と美女が、その混乱の中で知り合い、助けたり励ましたりしたことから恋愛がはじまるという出会いがそうであるし、「君の名は」は励まし合って別れるのが都心の橋の上であるというところまで一緒である。男が仕事に励んでいる間、女は女性をしっかり支えてはくれない社会のありかたの中で苦しみ、二人が再会したあと、男が女を救おうとしても、男は案外無力で、女のためになんの助けにもならないというところは「君の名は」が同じようなものである。

「また逢う日まで」では男も女も戦争で死んでしまうのでちょっと違うが、男が女の助けにならないということに変わりはない。

それまで、戦意高揚映画はたくさん作ったが、大正時代の失われた名作「清作の妻」以外、殆ど反戦映画というものを作った経験のない日本の映画人にとっては、敗戦後五年を経て、やっと「また逢う日まで」を、反戦映画として作ることになっても、ちょっと甘美な反戦映画というタッチは容易に摑み難かったのではないか。アメリカのメロドラマを真似てみないと調子に乗れなかったのではないか。それでかどうか原作はフランスのロマン・ロランが第一次世界大戦のこととして書いた小説だった。この作品では、軍への召集を目前にひかえてもうロクに学校にも行っていない大学生と、画家ではあるが空襲下の東京でもう画業でもなく、ただ東京でウロウロしている若い女性とが出会い、恋をし、戦争と軍国主義を呪う。そして体を共にしようとするところまでゆくが、まじめな二人はついにそれはできない。

この映画は甘美哀切でロマンチックな反戦映画としてすぐれた出来であり、高く評価されたが、ひとつ大きな疑問点を残し、のちのちまで議論の種になった。

あの戦時下に、あんな恋人たちが本当にいただろうか、ということである。昭和五年、一九三〇年頃が戦前の日本の左翼運動のピークだったらしいから、戦争中にもその影響は残っていそうなものなのに、本当にどうしたんだろう。当時十代の少年だった私なども、私などのせいぜい五、六歳年上だった大学生たちをいろいろ知っているわけだが、戦争や軍国主義をあんなふうに批判できる青年に出会ったことはない。もちろんそんなことをおおっぴらに言ったりすることは危険だったから不思議ではないが、私の知る限り、考え方も実際に、軍国化されている青年ばかりだったと記憶している。しかし、慎重に本心を隠して、戦争や軍に正しい批判を持っている青年がいなかったとは断言できないし、この映画のような純愛ならばきっとどこかにあっただろうと思いたい。ただ、あんな恋人たちが普通にいたとは言えないのだ。普通ではないかたちで、こっそりいたかもしれないし、ただの恋愛なら、こればっかりは力づくで禁止しようとしてもできるものではないから、いくらでもあっただろう。それをどの程度まで美化していいものかどうかはなんとも言えない。

そもそも芸術は現実を美化するものではないのか。美化し、理想化し、つまらない現実のうえに理想を重ねてみるのが芸術という行為なのだ。しかし現実のほうも忘れていいわけではない。

ジャン・コクトーの「悲恋」と西洋的恋愛

一九四四年のフランス映画「悲恋」は、日本では一九四八年に公開されて、当時十八歳で映画に夢中の少年だった私に忘れ難い感銘を与えてくれたものだった。

一九四四年は第二次大戦の真最中である。フランスはドイツ軍の支配下にあり、フランス映画はドイツに降服したフランスのヴィシー政権下で作られ、ドイツ軍の検閲を受けて公開されていた。ルノアール、クレール、デュヴィヴィエなど、当時のフランスを代表する巨匠たちはアメリカに亡命してハリウッドで働いていたが、彼らの実力にふさわしいすぐれた作品はあまりない。むしろヴィシー政権下に残ったマルセル・カルネ監督の「悪魔が夜来る」などが、占領下のフランス人のレジスタンス精神を巧みに寓意した芸術的傑作として名高い。

「悲恋」も同じくドイツ軍占領下の本国で新進の監督のジャン・ドラノワによって作られたものであり、しかも中世の物語の現代化という、直接現在の現実に触れることを避けるような内容になっているところが共通している。ただしカルネの「悪魔が夜来る」のような名作として映画史の上に定着しているわけでもない。

日本公開の年に「キネマ旬報」ベスト・テンの十位に選ばれているから、無視されたわけでもなく、まずまずの評価だったと言えるだろう。

ただ、一九六〇年代の始めにフランスの新人たちによる、いわゆるヌーベルバーグが評判だった頃、シネマテークでこの映画を見た若者たちが、正にヌーベルバーグによってこそ打倒された古くさい映画づくりの好例のようにこの映画を見て笑っていたという記事を何かで読んで憶えている。映画史的にはそんなふうにして忘れ去られてゆく作品なのかもしれない。

この作品はまず、詩人のジャン・コクトーがシナリオを書いたことが話題になった。しかも内容は西ヨーロッパで広く知られた古い伝説の「トリスタンとイゾルデ」を現代化したものである。

物語自体はノルウェーやアイルランド、フランスなどを舞台にしているからそれらの地方に古くからあった説話と関係があるのだろう。十二世紀頃にヨーロッパに広く定着するようになったらしい。

イギリスでは騎士道物語の原点と言うべき「アーサー王と円卓の騎士」の模範的な騎士たちのなかで、最も有名なひとりとして描かれている。つまり数ある騎士道物語のヒーローたちの中でも最もよく知られた人物である。

騎士道物語は十二世紀から十六世紀頃まで、ヨーロッパでもっとも広く読まれた読物である。知識層の共通言語であるラテン語ではなく、一般の人々の言語であるロマンス語で書かれていたので国境を越えた大衆読物として広く読まれた。そしてこれが、現代の日本人もよく使うロマンスという言葉の語源らしい。

われわれ日本人にとってはロマンスとは普通、恋物語の意味であり、騎士の冒険や忠誠の物語とは全面的には重ならない。

中世のヨーロッパの騎士とは、日本の侍と同様、つねに武芸の訓練に励み、合戦で手柄を立てて出世するか、合戦のないときには旅に出て、出会った騎士と槍を構えて相手を馬上から突き落とす一騎討ちで名をあげる。まあそんなところは日本の武者修行の物語などとあまり違わないようであるが、騎士道物語は恋愛の物語がつきものであるところが日本の侍の物語とは違うところであり、ロマンス語で書かれた騎士道物語であるロマンスが日本ではラブロマンスと言って恋物語と一緒にされるゆえんである。

騎士道物語でよく知られたブルフィンチ作・野上弥生子訳の「中世騎士物語」（岩波文庫）によれば、その中の「トリスタンとイゾルデ」の物語は、はしよって言えばつぎのようなものである。

ライオネスと呼ばれた国にメリアダスと呼ばれた王がいた。この王が隣国のコーンウォールの王マルクの妹イザベルと結婚した。

ところが一人の妖精がメリアダスに恋をし、彼を誘拐する。王妃イザベルは夫を捜す旅に出て、途中で病で死に、あとには男の赤ん坊が遺された。この子はその出生の憂愁にとざされた事情からトリスタンと呼ばれた。

亡くなった王妃の従者ダヴアネイルの活躍で妖精の魔術を破ってトリスタンはメリアダス王のもとにもどされる。王は七年後に再婚する。するとその新しい妃はトリスタンが王に愛されているのを嫉妬して殺す計画をたてる。それをまたダヴアネイルが察知してまだ子どものトリスタンを連れてフランス王の宮廷に逃れる。そこでトリスタンは親切に受け容れられ、騎士としての教養と武術を身につける。

フランスの王女が彼に恋をするが、彼はそれに応じない。王女は父王に彼を追放させるが、それを後悔して絶望のうちに死ぬ。トリスタンの生国では父が亡くなり、継母が王位につく。ダヴアネイルはそこにトリスタンを帰すことを怖れて、トリスタンの伯父にあたるコーンウォールのマルク王のもとに連れてゆく。マルク王は彼を温く迎えて騎士の称号を与える。

そこで騎士トリスタンは、つぎつぎと他の騎士たちとの決闘を勝ちぬいて名声を高める。その数はあまりにも多いので、いちいちここに書いていられない。ある試合で相手が槍に毒を仕込んでいたため、受けた傷が悪化し、その傷を治せる医者を捜してイギリスに渡る。その船の漂流でアイルランドに流される。そしてそこで、アイルランド王とその王女のイゾルデと出会うのである。

トリスタンは健康をとりもどし、王女イゾルデの音楽と詩の指南役となる。アイルランドの宮廷でも騎士たちの試合は盛んに行われ、そこではイゾルデがみんなの憧れのマトである。

とくにサラセンの騎士が熱心で、それを見てトリスタンの心も嫉妬でいっぱいになる。それで試合に出場してサラセンの騎士を倒すが、自分も治りかけた傷が悪化し、イゾルデの看護で助かる。

ある日、アイルランドの官女がトリスタンの剣の切先の傷を見て、じつは彼が、アイルランドの王妃の弟を試合で倒して死に至らしめた人物であることを明らかにする。そこで王の前でトリスタンは取り調べを受けることになる。しかしトリスタンの態度の立派さに立合った人々が感銘を受けたために、ただ二度とアイルランドに立入らないことという条件つきで追放されるだけですむ。

トリスタンはこうしてフランスのマルク王のもとへもどり、マルク王に自分の経験を話す。マルク王はその話からイゾルデという美女の存在に関心を持つ。

そしておりを見てトリスタンに、頼まれたことは何事も拒絶しないという騎士誓約をさせたうえで、アイルランドに行ってそのイゾルデをマルク王の王妃として迎えてくるようにと命令するのである。

騎士誓約とは、ごく軽い調子で言ったことであろうと、いちど騎士が約束した以上、どんな犠牲を払っても実行しなければならないということである。

トリスタンはアイルランドの王妃の弟を試合で死に至らしめたことで、二度とこの国に入ることはないという条件で国外に追放されている。アイルランドに入ったら生きて帰ることはできない。しかしマルク王との騎士誓約も破ることはできない。

そこで彼は死を覚悟でアイルランドに向かうが、暴風でイギリスの海岸に流される。そこはアーサー王の城のあるキャメロットの近くだった。そこでトリスタンは無名の騎士と名乗って試合に参加して注目される。

その試合の客人のなかにアイルランド王がいる。アイルランド王はじつは連邦の王であるアーサー王を裏切ったという理由で告発されており、その容疑を晴らすために来たのである。しかしそのためには告発者である恐ろしい騎士を決闘で倒さなければならないのである。そんな自信のないアイルランド王はそこで自分に代わってその恐ろしい騎士と戦ってくれる者を見つけねばならず、トリスタンを見つけて自分の代理をしてくれることを頼む。トリスタンはこの勝負に勝ったらなんでも自分の頼みを受け容れてもらうという約束でそれを引き受ける。そして試合で相手を投げ倒したうえで殺しはせず、生命は助けてやり、審判者に、アイルランド王のアーサー王への裏切りの疑いは晴れたと認めさせた。

こうしてトリスタンはアイルランド王とともに晴れてアイルランドにもどり、歓迎される。イゾルデも大喜びで迎えてくれたのだが、トリスタンは辛い。

彼は騎士誓約によって彼女をマルク王の妃として迎えるために来たのだと言わないわけにはゆかないからである。イゾルデはそれを承知する。

イゾルデの侍女が一緒にフランスについてゆくことになる。アイルランド王妃はトリスタンとイゾルデの様子から二人が愛し合っていることを見てとって、そこから難しいトラブルが生じないよう、ある妖精から手に入れていた媚薬を、マルク王とイゾルデの婚礼の晩にこっそり二人に飲ませるようにと侍女に命令する。ところが船旅の間に、トリスタンとイゾルデは喉がかわいて、たまたまそこに置いてあった媚薬を飲んでしまう。

マルク王とイゾルデの結婚式はすみ、マルク王は大満足である。その宴会が続く。ある宴会にやってきた吟遊詩人が珍しい竪琴を持っていたのでマルク王が演奏を求めると、吟遊詩人は騎士の誓約をするならば、と言う。王がそれを約束すると吟遊詩人は短い詩を琴で吟じて、騎士誓約だからと言ってイゾルデを馬に乗せて連れ去った。吟遊詩人はじつはかねてからイゾルデを慕っていたサラセンの騎士だった。

それを知ったトリスタンは二人を馬で追い、もう船に乗って岸を離れていた二人に楽器をかなでる。その音楽に感動したイゾルデはサラセンの騎士にあの音楽の楽士を見たいから船をもどすように言う。そして岸へもどってきたところをトリスタンが彼女を奪う。トリスタンとサラセンの騎士の決闘になるが、イゾルデがサラセンの騎士に「あなたは私を愛しているのなら私がこれから言うことに従いなさい」と言い、決闘を止めさせる。サラセンの騎士は、「ああ私の貴婦人よ、私はあなたの言葉に従いましょう」と言って去る。

トリスタンはイゾルデをマルク王に送りとどける。マルク王はトリスタンに感謝するが、同時に嫉妬も感じるようになる。そしてある日、トリスタンとイゾルデが彼女の私室でチェスをしているところに剣を抜いて斬り込み、トリスタンを殺そうとする。しかしマルク王は逆にトリスタンに追いまくられて宮廷中を逃げる。宮廷では誰もトリスタンを邪魔しようとはしなかった。

こうしてトリスタンは国から追放され、イゾルデは塔に幽閉される。トリスタンは森の中に身を潜めてイゾルデに忍び逢いに行ったうえで諸国への旅に出る。そして多くの武勲をたてて有名になる。

あるときマルク王は、近隣の国との戦いが不利になって止むを得ずトリスタンを呼びもどし、敵を撃退してもらい、彼を元のように身近にとどめる。トリスタンはこれで、やはり許されたイゾルデに逢うことができて幸福だったが、トリスタンが連れてきたフェレディンという若い騎士がイゾルデの魅力に夢中になって問題が起こる。フェレディンは彼女がトリスタンの恋人であることを知っていて自分の気持を隠していたのだが、そのために健康が衰えて命も危うくなる。西洋にも〝恋の病い〟はあるのだ。彼はそのことを手紙にしてイゾルデに送る。彼女は気の毒に思ってなぐさめの返事を書く。それで彼も立ち直る。

ところがその彼女の手紙をトリスタンが読んで嫉妬する。そしてやっと立ち直ったフェレディンをあわや殺しそうになるところまでいって馬で森に逃れ、十日間、眠りもせず食べもせずに悩みつづける。十日目にやっと泉のほとりを半死の状態で横になっているところを通りがかりの乙女に救われる。彼は涙ながらにイゾルデを想う短い詩を作って乙女にイゾルデにとどけてもらう。自分がフェレディンに書いた手紙がこのトラブルの原因だと知ったイゾルデはフェレディンにまた、もう二度と自分の目にふれないようにと手紙を書く。その手紙を読んだフェレディンは森に身をかくし、恋の嘆きで亡くなった。

イゾルデもトリスタンを慕って身も世もなく苦しみ、その正直な心を夫のマルク王にも訴えて、「あなたに討たれて死んでしまいたい」とまで言う。マルク王はイゾルデが自殺するのではないかと心配して侍女たちに見守らせ、トリスタンは城を出る。

その頃、マルク王の領地では羊飼いたちが羊泥棒たちにひどいめにあっていたが、トリスタンは騎士の姿をかなぐり捨てて羊飼いたちの中に入ってゆき、泥にまみれながら羊泥棒たちを退治する。彼が騎士であることを知らない羊飼いたちは大喜びして、マルク王にこの男を誉めてやってほしいと願い出て、泥だらけのトリスタンを自分の甥だと分からないマルク王が、この男に相当な待遇を与えるようイゾルデと侍女たちに命じるという滑稽なエピソードもある。トリスタンのヒーローぶりを示すたくさんのエピソードは殆どが騎士同士の試合や合戦での手柄話であるが、これは珍しく民百姓のために戦うので「七人の侍」に似た近代的なモラルのあるものと言えよう。

トリスタンはさらにイギリスに旅をして、魔法使いにたぶらかされているアーサー王を救ったり、そのアーサー王がいずれ劣らぬ豪傑と認めている有名な〝円卓の騎士たち〟の誰彼と勝負して肝胆相照らす仲になったりする。

「トリスタンとイゾルデ」の物語はもともと独立した伝説として語られていたものが、「アーサー王物語」が伝説上の有名騎士たちを片っ端からアーサー王の偉大さを慕う豪傑たちとして列伝ふうに取り込んだときに取り込まれ、そのためにアーサー王臣下の騎士たちとの痛快なエピソードなどが加えられたのかもしれない。

とにかくトリスタンの豪傑ぶりを示すエピソードはやたらと多いが、イゾルデとの恋物語とあまり関係のないところは大幅に省略することにしよう。

トリスタンは彼を優遇するアーサー王のイギリスを去って冒険の旅を続ける。

将来の理想はキリストが使った聖杯を捜す旅をすることだが、まずはフランスのブリタニで謀叛した臣下たちと不利な戦いをしているホール王に味方して戦う。トリスタンの勇戦によって勝利したホール王は、王女をトリスタンに稼がせる。その王女も名前はイゾルデである。

ただし騎士道物語ではこれまで語ってきたコーンウォールのマルク王の王妃イゾルデと区別するために〝白い手のイゾルデ〟と呼ばれる。トリスタンがコーンウォールの王妃イゾルデを慕いつづけていることは言うまでもない。しかし彼はその恋は不可能だと分かってもおり、イゾルデを苦しめてきたことを後悔もしている。白い手のイゾルデは教養もあり愛らしく純潔な女性で、これからの彼の、聖杯の捜査などの理想を求めて生きる人生にふさわしい伴侶である。こうしてトリスタンは白い手のイゾルデと結婚し、愛情もわいてきて、これでイゾルデと誤って媚薬を飲んでしまったことも克服できるかもしれないと思う。

ところがそこで、いったんおさまっていた戦いが再発して、トリスタンは負傷する。

白い手のイゾルデがけんめいに手当てをするが、なかなか良くならない。古くからのトリスタンの家来のひとりが、かつてイゾルデがトリスタンの傷の手当てを巧みにやったことを思い出してイゾルデを呼んで助けてもらったらどうかとすすめる。

トリスタンは白い手のイゾルデに、かつて自分を手当てして命を救ってくれたコーンウォール王妃のイゾルデを呼びたいと言う。

そしてもし彼女が来てくれるなら、遠くからでもすぐ分かるよう、船に白い帆をはってきてくれるようにと頼む。

コーンウォール王妃のイゾルデは早速承知して白い帆の船でかけつけるが、遠くからそれを見た白い手のイゾルデは、「黒い帆の船が来ます」と嘘を言う。彼女は嫉妬したのである。苦しみながら必死に生きていたトリスタンはそれでがっくりと崩れて死んでしまう。船を下りて彼の死体のところにやってきたイゾルデも、トリスタンに寄りそってがっくりと倒れ、死んでしまう。

死ぬ前にトリスタンは手紙を書いていた。自分の死体と剣をコーンウォールのマルク王に送りとどけるようにということと、誤って媚薬を飲んだためにイゾルデと恋をしたのだという事情がそこに記されてあった。

それを読んだマルク王は、あらためてトリスタンが何度も自分を助けてコーンウォールの王家の名誉を守ってくれたことを思い、トリスタンとイゾルデの死体を彼の礼拝堂にほうむらせた。

トリスタンの墓からは一本の蔦が生えてイゾルデの墓に伸びてゆき、三度切り落とされたけれども、そのたびに強い芽が生えかわって、二人の墓の上をおおったという。

以上、「中世騎士物語」からトリスタンとイゾルデの部分を要約してみたが、この物語はもともと口承伝説だから、他のバージョンもいろいろある。

いちばん有名なのはワーグナーの音楽劇「トリスタンとイゾルデ」であるが、大筋は共通していても細部はずいぶん違うし、そもそもテーマは元の物語のほうがぐっと素朴である。口承伝説というものは基本的に過剰なまでの情熱の礼賛というようなことはやらないものであろう。元の口承伝説は一見して命をかけてでも恋人を恋い慕う情熱恋愛の賛美のようであるが、じつはそれは誤って偶然いっしょに飲んでしまった媚薬のせいだということにしている。

現代人は媚薬などというものは頭から信じないから、それをたんなる物語の面白おかしいアヤか飾りのように聞き流すが、情熱恋愛には好意を持っているので熱中して物語に夢中になる。しかし、中世の人たちは原則として不倫は悪だと素朴に信じていただろうし、その悪に心ならずもおちいってゆくヒーローとヒロインを気の毒だと思いながら同情して吟遊詩人などの語りで聞いたのだろう。気の毒と思いつつ、自分もそういう気の毒な経験をしてみたいとうらやましくも思ったに違いない。

しかし近代人であることの先頭を切っていると自負していた十九世紀人のワーグナーの場合は違う。彼は自我を異常なまでに拡張することをこそ近代人の誇りとしていたようであるし、不倫だろうがなんだろうが愛する相手に全身全霊でぶつかり合う恋人たちを全面的に支持する。どうやらその途方もない自我拡大ぶりがヒットラーは気に入ったらしく、そうもらしたことから、ワーグナーは第二次大戦後、ひとしきり、リベラルな知識人があまり大っぴらには支持できない存在になった。

これはしかし、芸術における美意識と表現の自由の範囲内のことで、ワーグナーの罪とは言えない。ヒットラーなんかに好きになられて迷惑だと言うしかないだろう。

古い伝説としての「トリスタンとイゾルデ」は、媚薬という、昔の人だって半信半疑だったに違いない、ただ、若し有ったら便利だなあと思うものを仮に使うことによって、本人の責任とは言えない条件のもとで、本当はやってみたいことを物語という仮の形で体験して、でもこれは自分がやったことではない、ただ想像して楽しんだだけだ、と考えることができたのだった。

しかしワーグナーとなると明らかにそこに、人間の自我の拡大という大義名分が加わって、一種のイデオロギーの主張になる。ニーチェの自我拡大の思想などもそこに加わることになる。で、さて、私が一九四八年に見たジャン・コクトーのシナリオによる映画「悲恋」のばあいはどうなのであろうか。

この作品は現代の物語に翻案脚色されているが、ジャン・マレーが演じたトリスタンはただの現代的な好青年であって、原典のような途方もない英雄豪傑などではない。しかし古風なシャトー（城館）に住む大地主の伯父のマルクや、その伯父の所有地のひとつである小島に住む、美女のイズー（イゾルデ）もちゃんと登場して、トリスタンが伯父の後妻として彼女を捜してくるところから、ほぼ元の口承説話と大筋では一緒の物語が進行する。現代の物語なら情熱恋愛は大歓迎だし、不倫もまあ、映画などではごく当たり前に扱われる。だから今ではもう誰も信じない媚薬のエピソードなど削ってしまったほうがまことしやかなストーリーになってしまっていいようなものなのに、あえて新しく、トリスタンの従弟にあたるひとりの意地悪な小人を創作して媚薬の使い方に工夫を加えている。

その他、さまざまな工夫を加えながら、ラストの大団円の部分などは古い説話のクライマックスをほうふつとさせる盛り上がりさえ見せて、「トリスタンとイゾルデ」を再生させ、私を感動させたのだった。

この大衆的な恋愛メロドラマの古典、原典ともいうべき作品の持つ意味について、改めて考えてみたい。


トリスタンとイゾルデは、なぜ媚薬で結ばれることになるのか。私の考えでは、それは、作者不明のこの物語の基本的な形がととのった古代か中世のはじめ頃かの、その頃には、すでにもう、不倫とか、姦通とかいうことを悪として排斥する考え方が牢固として成り立っていたからであると思う。マルクは王でイゾルデは王妃。その王妃であるイゾルデが、夫のマルクの甥であり臣下でもあるトリスタンと愛し合っていいものか。不倫であり、姦通であり、悪いことにきまっている。しかし物語の作り手たちはこの二人を愛し合わせたい。そのためには、悪だろうと不倫だろうと、どうしても結ばれなければならない運命とか宿命とかいうことを持ち出さざるを得ず、神の手の中にある運命を人の力で動かすことが出来ない以上は、人工のものだとされている媚薬を使うぐらいしか手がない。

今ではどんなに工夫しても媚薬を人間が作ることは不可能だとあきらめているが、大昔の人なら半信半疑でも納得しただろう。

こうしてたまたま媚薬を間違えて飲んでしまったために、二人は永久に愛し合わないわけにはゆかなくなってしまったのだ、ということにしてしまえば、二人の恋愛は不可抗力的な運命だということになって、悪だの不倫だのと言ってもはじまらないことになる。

「中世騎士物語」では、イゾルデの母が、イゾルデはマルク王より先により若くて美しくて強いトリスタンに会っているのだから、マルク王より以上にトリスタンとの愛にとり憑かれるかもしれないと心配して、信頼しているイゾルデ付きの召使いに媚薬を渡し、イゾルデとマルク王に一緒に飲ませよ、と命じる。ところが船旅の途中、別の召使いがついうっかり、それをトリスタンとイゾルデに飲ませてしまう。

ジャン・コクトーがこの物語を現代化した映画「悲恋」では、大地主のマルクの城館に同居しているマルクの妹の一家が、ここにマルクの甥のトリスタン（パトリス）がマルクの妻にふさわしい女を連れて来るというのに戦々恐々としている。自分たちは追い出されると思っているからである。それで、本当にトリスタンがイゾルデ（ナタリー）を連れてやってくると、イゾルデのおばさんが持たしてよこした荷物の中の「毒」と書かれたビンを同居人の夫婦の子が盗んでトリスタンとイゾルデの飲み物の中に入れる。

この「毒」と書かれたものがじつは媚薬だったために、二人は不倫と承知で、本当に死に至るまでの果てしのない愛の物語のヒーローとヒロインになるのである。

もっとも、この設定も少々わざとらしい。今日ではもう、こんな媚薬を飲むなどというおとぎ話みたいな仕掛けなどしなくても、ちょっとしたメロドラマの主役二人が〝永遠の愛〟を誓うということは当たり前のことになっているからである。

しかし、ジャン・コクトーは、小人に悪党を演じさせるという、今なら差別問題を引き起こすに違いない小人まで出演させて昔話ふうの形式を維持している。

なぜか。理由はそれこそ、〝永遠の愛〟などというラブロマンスのきまり文句は昔話の形式をとらなければ口にできないほど滑稽な口上になっているからであろう。

〝永遠の愛〟というきまり文句で結ばれたはずの夫婦が平気で別れることなど、「悲恋」が作られた頃よりさらにさらに一般化している。

しかし「悲恋」が作られた頃だってもう、それは滑稽な言葉だったのだ。そして、だからこそコクトーは、媚薬の存在が半信半疑にしろ信じられていた古代か中世の約束事としての、媚薬の使用による〝永遠の愛〟という観念をことさららしく持ち出したわけであろう。

古代や中世の人たちだって〝永遠の愛〟など信じてはいなかったであろう。庶民はだいたい、親が選んでくれた相手と結婚しただろうし、身分のある階層の若者はより明確に政略結婚の法則に従って相手はきめられていったはずだ。家と家との結びつきをより強力なものにするための嫁選び、婿選びという立場からすれば、愛などは問題でなく、力関係がモノを言う。

そうして成り立った婚姻による社会的連帯をあやうくする恋愛などというものは困ったわがまま

以外の何物でもないだろう。

こうして不倫や姦通は悪とされる。純粋な若者の恋愛すら、怪しい危険な行為と見なされる。しかし、そのなかで、男性優位、家格優先、力や金にモノを言わせる傾向などが不当に目立てば、それに対する批判や抵抗は恋愛の美化に拠りどころを見出せたかもしれない。

結婚式などの宗教的行事にこそふさわしい〝永遠の愛〟という聖なる形式的文句は、政略結婚などの偽善的な結びつきに対抗するかたちで言われるときにこそ輝かしさを発揮したはずだ。

聖書のどこにそんな文句が書いてあるのか知らないが、少なくともキリスト教には、本来の一神教信仰には含まれてはいないはずの聖母マリア信仰というものが入り込んでいて、男性的な神だけでなく、女性的で聖なる存在の居場所がある。

もしかしたら、農耕社会にはどこにでもあった〝母なる大地〟への信仰が、農耕社会がキリスト教化されたあとにも聖母マリア信仰の中に少々変形して受け継がれたのかもしれない。

なんだか回りくどく、真偽の疑わしい観念をもてあそんでいるようであるが、そんなふうにあれこれ考えてみたくなるだけの興味深い不思議さがヨーロッパの中世の騎士物語にはある。その核心をなすものが貴婦人崇拝という思想である。武勇を尊び忠誠を重んじ、信義を大切にする、などなど、騎士道と呼ばれるモラルの体系は日本の武士道と呼ばれる道徳概念と共通する要素がたくさんあるので、日本人も西洋人も相互に分かりやすいと言い合いたがるのだが、ただ騎士道の核心のひとつになっている貴婦人崇拝ばかりは日本の武士道の決まりごとにはない。

そもそも日本の武士道思想の精華ともてはやされた「仮名手本忠臣蔵」では、お軽という殿様の腰元のヒロインは、勘平という小姓を愛したばかりに彼が殿様への忠義をつくすべき機会の邪魔をしてしまい、そのわびに遊女に身売りをして、その金で勘平に忠義をする機会を与えようとする。それでも勘平の役には立たず、彼は切腹して果てる。さんざんひどいめに遭わせながら、それでも女は忠義の役には立たないと愚痴を言っているだけみたいな話だ。

騎士道物語で重要なのは、騎士にとっては忠義よりも恋愛が大事、という状況がしばしば現れることである。「トリスタンとイゾルデ」の物語はそれがいちばんはっきりしていて、騎士のトリスタンはイゾルデへの愛のために繰り返し伯父であり王であるマルク王と対立する。王には忠節をつくすべきであるという騎士の本分を守りつつ、なおかつ王妃への〝永遠の愛〟をないがしろにもしない、という原則を守るために、この物語のオリジナルの作者も、その後のさまざまな改篇版の作者たちも苦労したに違いない。

マルク王は甥と妃がどんなに公然と愛を語り合おうと、ただ城や領地から追放するだけで、決して殺しはしないし、恋人たち二人も決して愛が色あせたりはしないだけで、肉体関係には至らないようだ。リアリズム文学なら必ずやどこかで流血の惨事になるか、情熱がさめてしまうかするところを、あくまで〝永遠の愛〟として貫くところが、すごいと言うべきか、おかしいと言うべきか。そこがリアリズムではなくて理念の文学であるためだと言うべきである。

その理念とは、不倫や姦通は認めないが、同時に男性優位も、愛のない実利だけの結婚も認めない、という原則を断乎として貫くということである。そんなの無理だ、インチキだ、と言わずにはいられないが、そういう両立し得ない矛盾を矛盾のままにしておいて、その矛盾からこそとめどもない物語をつむぎ出してゆくのが、リアリズム以前の物語文学のいいところなのである。

トリスタンとイゾルデとマルク王と、三者は互いに相手を全面否定はしない。しかし緊張関係は維持しつづける。これこそが、やがて、互いに互いを認め合うという近代思想、民主主義思想の源泉になるのだと思う。

〝永遠の愛〟とは、現実に男と女の間に普通にあるものだというのではなくて、誰かが誰かを全面的に支配するということの否定なのではないか。忠義が絶対か孝行が絶対かという社会関係は、誰かが誰かの上に立って支配する人間関係を想定するものだが、〝永遠の愛〟をそこにもうひとつ加えると、絶対性は崩れる。上下関係の二つのありかたに、もうひとつ、男と女の関係が相互の尊敬として加わることになるからである。

もちろん、それは単に理念の世界のことで、そこからすぐに民主主義が生まれてくるというのではないけれども、忠や孝という縦関係の社会に、愛という横の関係が一本加わることの意義は大きい。

民主主義はまた、その理念の成立の前に個人というものの自覚が成立していないといけないが、それにも愛という理念が成立していることが重要な意味を持つだろう。社会に対して個人が何かを主張してゆくとき、全くの個人にとっては、それが本当に正当なものかどうか、ひとしきり悩まなければならないだろう。

　なぜなら、自分の主張は正当な主張というより単なる利己主義なのではないか、自分の主張がみんなの主張でもあると大きな顔をして言える理由はどこから生まれてくるか、などなどと人は権力を前にしてはたじろぐものなのだ。しかしこれが、自分の個人的な欲望に発するものではなく、愛する妻や子のために主張しないわけにはゆかないものだ、ということになるとまた話は違ってくる。

　そこにこそ、〝永遠の愛〟という理念を近代社会が必要とする理由があるし、それを営々と養ってきたのが〝永遠の愛〟という恐しい理念の始まり、騎士道物語の貴婦人崇拝の世界なのである。

　ジャン・コクトーの「悲恋」の話にもどろう。

　マルク伯父の城館で夜な夜なイゾルデの部屋にしのんでゆくトリスタンは、彼を憎む小人に銃で撃たれて通えなくなり、イゾルデとともに山にこもって山小屋で暮らす。しかし肉体的には一線を画していて結ばれない。マルク伯父はトリスタンの留守中に二人を捜しに来て、それを理解してイゾルデを連れて帰る。

　ひとりになったトリスタンは山を下りて友達の家を訪ね、彼がやっている自動車の修理工場を手伝う。その友達の家には友達の妹がいて、やはりイゾルデという名前である。原作でもそうであるように彼女はヒロインのイゾルデと区別するために白い手のイゾルデと呼ばれる。白い手のイゾルデはトリスタンに一目惚れで、友達の妹を貰って自分と自動車工場の共同経営者になってくれと言う。トリスタンもそうすることで自分も身を固めるのがいいのかもしれないと考える。そのためにイゾルデに逢いに行き、こんどは小人から足を撃たれて負傷する。トリスタンはイゾルデとはじめて逢った島に逃れて治療するが、容易に治らない。そこで彼はイゾルデあての手紙を書いて友達に託し、最後に一目会いたいと伝えてもらう。そして、若し来てもらえるなら遠くからでも早く分かるように白い帆をかかげて来てほしいと伝えてもらう。

その島の小屋で小船をひっくり返してその上に横になってぜいぜい息をしながらイゾルデを待っているトリスタン。海辺に立って沖を見つめている白い手のイゾルデは、沖に白い帆をかかげた船が現れるのを見つけるが、思わず、「黒い帆よ！」と叫んでしまう。その声を聞いてトリスタンはがっくりとして死んでしまう。

浜にはイゾルデとマルク伯父が船から下り立って小屋に入る。イゾルデはすでに死んでいるトリスタンの隣に並んで横たわる、そしてそのまま死んでしまう。するとその小屋は消えて、その眺めの全体は山岳の頂上の殿堂になってしまう。その神秘的な眺めの中で、二人の遺体が並んで横たわったままの姿にさんぜんたる光が射して終わりになる。

私はこの映画を最初に見たとき、このラストシーンは映画的な特撮の効果を見せるためにわざわざこういうモノモノしい映像を作っているのだとばかり思っていたが、じつはもとの伝説からしてそうなっており、さらにそのうえ、二人を丁重に葬ることになっている。マルク王は自分の妻と甥の不倫を認め、それに永遠の輝きを与えるべく心づかいを重ねる人物なのである。

映画「悲恋」はそこまでは描いていないが、トリスタンが死にそうだという知らせを聞いて妻によりそって島までやってくるという行動だけで二人の〝永遠の愛〟を認め、自分はその脇役にまわるだけで満足している好人物としてやはり永く歴史に名を残すことになるわけである。

ここでやはり、騎士道恋愛、すなわち貴婦人崇拝という慣習の持つ基本的な矛盾について考えてみなければならない。

これは主にキリスト教社会でだけ成立した物語分野である。古い物語というのは不思議なもので、たとえば古代ギリシャ神話のヘラクレスの物語が日本神話のスサノオノミコトの物語とよく似ていたりする。そんな例はたくさんあるらしい。偶然の一致か、似たような社会的条件が似たような物語を必要とするのか、それとも案外、古代といってもなんらかの交通手段があったということか。しかし、意外に交通手段があって、ある種の物語はびっくりするほど遠くまで伝わり得たとして、十二世紀から十六世紀頃までヨーロッパで最もポピュラーな大衆的物語だった騎士道物語の貴婦人崇拝という核心部分はヨーロッパ以外の社会にはあまり伝わらなかったらしいのだが、その理由は何か。

それはやはり、キリスト教の核心になる〝愛〟という思想の扱い方の問題だと思う。

愛とはまず基本的に弱者救済の思想であり倫理、論理である。どんな思想や宗教にも弱者救済の考えはあるが、それは基本的に強者がその強さの余裕で分け与えるものという範囲から容易に出られなかった。ところがキリスト教は、愛という観念を高くかかげて、これができなければ信者とは言えないというところまで強調した。

貴婦人とは、夫の身分によって強い権力につながる強者であるが、夫の愛が失われたり、とくに後継ぎの子が生まれなかったりするとその特権はどうなるか分からないという、いわば半端な特権階級である。その半端なところを力強く支えてくれるのは騎士たちに慕われるということだが、それは同時に、姦通や不倫という悪につながりかねない。愛などという観念がとくに強調されない他の宗教圏ではそれは直ちに処罰の対象になる。

しかし、愛という観念が相当以上に力となる社会では、そこにさまざまな妥協がなり立ち得る。明らかに不倫だが、媚薬のせいなら本人にはどうにもならない不可抗力だから仕方がない、という「トリスタンとイゾルデ」方式はその第一歩であり、その先には、媚薬などぬきにして、愛のためには力づくで王妃のもとにおしよせ、王の軍勢とも対決するという、「アーサー王と円卓の騎士たちの物語」の湖の騎士ラーンスロットなどの物語が続くことになる。そこでは王妃に恋する騎士と、その騎士をただ強い実力者と認めるだけでなく、人格も高潔であるから愛人としても認めるという判定を下す王妃ギネヴィアとの関係が前面に出てくる。真の愛という判定を下す存在として貴婦人は一種の権威と権力を持つことになり、その力は王といえども認めないわけにはゆかないものになるのだ。

もちろん、神の定めた掟であるはずの、不倫や姦通は悪だという原則は厳として存在する。

しかし、キリスト教社会は愛という観念に特別の力を持たせることによって、とくに女性が特定の男を愛したり愛さなかったりする判定の力に特別な権威を持たせる道を物語文化は作る。そして、それを作り出すことによって、真の愛による不倫はもはや悪ではないというところまで道徳思想を引っぱって行ってしまう。

もちろんそれでも、何が不倫で何が愛であるかの判定にはつねに矛盾がつきまとう。ある者にとっての不倫が、ある者には愛である。そこに一定の判断の基準などない。あとはマゴコロくらべに精を出すだけである。そしてこのマゴコロくらべにもつねにアイマイさや矛盾がつきまとうだろう。そのアイマイな部分を快く面白いものにすることに成功した者の勝ちである。

道徳という大切なものをそんなあいまいなことできめていいのか、と道徳家は怒るだろうが、このあいまいさこそが社会の停滞を打破して進歩をもたらすことになるだろう。

不倫と愛の関係があいまいなのは、それがそもそも矛盾する二つの考え方を無理に妥協させているからである。権力者本位に考えればトリスタンとイゾルデの関係は不倫以外の何物でもなく、さっさと裁いて追放するとか、それでも言うことを聞かなければ牢に入れるとかする以外にない。しかし、愛こそがなによりも大事という立場からすれば、二人は自由で、マルク王こそ権力にモノを言わせて勝手なことをするんじゃないということになる。その二つの考え方の一方だけを正しいとするのでなく、両立させようとするからアイマイなことになる。愛のためには王様と戦っていい。そこから民主主義思想はあと一歩だ。

それに〝永遠の愛〟などと言っても、どこで〝永遠〟と言えるか、証拠があるか、ということにもなる。

物語の語り手は、〝永遠の愛〟を主張するなら、それが本当に永遠らしいと表現力によってこそ信じさせることができなければならない。

私が映画「悲恋」をはじめて見たとき、ひとつの場面であっと思った。伯父マルクの妻にふさわしい女性をさがしてくると約束してある島にやってきたトリスタンは、その島の酒場で若い女にからんで困らせている乱暴者の漁師を見てたしなめ、自分もからまれると相手を殴り倒し、女を助ける。すると乱暴者はビール瓶でトリスタンの後頭部を殴って気絶させる。居合わせた男たちが乱暴者を追い出し、トリスタンを担いで部屋に運ぶが、そのときトリスタンの頭は上向きになってグラグラゆれている。助けられた女はその後からついてゆくが、顔を上に向けてゆれているトリスタンの頭と、その顔を見下げている女の顔とが、ちょうど上下逆のままぴったり向い合う構図になり、そのまましばらく移動撮影におさめられている。

ジャン・ドラノワ監督は、こういう構図や、カメラを斜めにして人物関係を強調することに大いに凝った工夫をする人で、その構図の強調から私はなにか、ただごとでない男女の出合いを感じて感動したものだった。なんだか二人の関係がこの堅固な構図で聖化されたみたい。これがこの映画におけるトリスタンとイゾルデの出合いであった。私の心はこの構図の工夫への驚きでもう〝永遠の愛〟支持になっていたものだ。

トリスタンを演じていたのはジャン・マレー。フランスのスター俳優には珍しく、彫りの深いきつい意志的な顔で、現実離れしていると思うくらい、なにか造形的でありすぎた。普通のリアリズム映画に出ると、歌舞伎の荒事の役者が隈取りしたまま出ているような奇妙な感じがする美男子だった。詩人のジャン・コクトーの映画では常連の主役で、とくに「美女と野獣」の野獣の、それこそ歌舞伎ばりの演技が代表作とされている。

そんな特異なスターだったジャン・マレーの本当の代表作は「悲恋」だと私は思う。理由はまさにこれが現実離れのした寓話的、神話的な映画だからである。〝永遠の愛〟の恋人を思うせつないほどに現実離れのした表情やポーズがサマになっていたからである。

十七世紀になるとスペインのセルバンテスが「ドン・キホーテ」という小説を発表する。騎士道物語を読みすぎて頭のおかしくなった男の滑稽談である。媚薬のおかげでどうのこうのという不合理な物語のかずかずにはさすがに人々はもう飽きてしまったのだ。

たぶんもう、一世を風靡した勇敢でロマンチックな騎士道物語も読まれなくなり、従ってまた、書かれなくなったのであろう。

しかし騎士道物語が切り開いた冒険と愛の物語は形を変えて別の物語に受け継がれたはずである。

まもなく本格化する新天地アメリカの開発が冒険の新しい舞台を提供することになる。アメリカの開拓地は開拓者たちに土地を奪われて反撃に立ち上がるアメリカ・インディアンと呼ばれた先住民たちの住む土地であり、彼らがいつ立ち上がって攻撃してくるか分からない危険な場所である。そこでこちらも銃で戦うことができる暴れん坊たちが貴重な戦力になるが、彼らが戦って土地を手に入れるには開拓時代には貴重な存在だった無法者のガンマンたちの力が大きかっただろう。またガンマン同士が対立すれば早速、一対一の撃ち合いになる。

騎士道物語では名のある騎士たちが出合えば早速、一対一の槍で正面から突撃し合って相手を突き落とす一騎討ちが行われたように。

他方、愛か不倫かという問題は、芝居のメロドラマと小説の恋愛ものの最も重要なテーマになる。それが日本の小説に影響すれば、だいぶあとになるが例えば「金色夜叉」だ。愛は金で買えるか、というテーマである。

こうして神話的な物語は立派に次の時代の物語形式を準備していったわけである。全く違う形式を準備するというかたちで。

トリュフォーの「突然炎のごとく」

フランスには伝統的に恋愛映画のすぐれた作品が数多くあるが、なかでも一九六二年のフランソワ・トリュフォー監督の「突然炎のごとく」(原題「ジュールとジム」)は傑出している。

原作はアンリ＝ピエール・ロシェという美術ジャーナリストだった人が晩年に書いた小説である。

第一次世界大戦の前の、ベル・エポック(良き時代)と呼ばれた頃のパリの、世界各地から芸術青年たちが集まっていた街として知られるモンパルナスで、二人の青年が出合って親友になるところから物語は始まる。ジュールはオーストリア人、ジムはフランス人である。二人は互いに無二の親友として心を許し、一緒に歩き、議論し、青春の喜びにひたっている。あるとき二人は、ジュールの友人の部屋で幻灯を見ていて、インカの彫像に似た静かな微笑をたたえた女の彫像を見て感動して、それが野天に放置されているというアドリア海の島に出かけてゆく。まあ、金と閑のある金持のお坊ちゃん同士だから、こんなふうに、思い立ったらすぐ行動に移れるのだろうが、そこに、こうして自由に奔放に動いて一般の人々の気づかぬ美を発見することこそ自分たちの崇高な使命だと確信しているらしいブルジョアの若者の理想主義と誇りとが見えて小気味がいい。この時代のモンパルナスという美術史上に伝説化された地域を舞台にすると、そこに純粋な美の追求という理念で結ばれた友情があった、と言われても本気になれるから不思議だ。

彼らはまた、ミュンヘンから来た三人の女性と知り合うが、そのなかの一人のカトリーヌに、島で見た彫像の微笑を発見して驚く。そして深く引きつけられる。そしてしばらくは三人一緒に楽しく遊びまわる。このカトリーヌを演じたのがジャンヌ・モローである。ヌーベルバーグの時代を支えた演技力ではトップのスターだ。ウブなジュールがまず夢中になって彼女に結婚を申し込む。カトリーヌは承諾する。

ある夜、パリでの観劇の帰り、三人一緒にセーヌ河のほとりを歩いていると、とつぜんカトリーヌが川にとび込む。男たちがびっくりして彼女を助けるが、なぜそんなことをするのかと問いただすと、ジュールとジムが一緒に歩きながらお喋りに夢中になっていて、自分を無視していたからだという。川にとび込むことにもびっくりしたが、この理由にはさらにびっくりした。普通に考えればこれは、彼女がどんなにわがままな自己中心的な性格であるかということを露骨に示した行動であるが、ここではジュールとジムの二人はそうは考えない。自分たちが悪かった、自分たちの女神とも言うべき彼女をほうっておいて、自分たちのお喋りごときに夢中になっていたのだから――というように。

まあ、普通に演出して普通に見れば観客の目にそう見えるはずもない一瞬の異常な出来事にすぎないのだが、フランソワ・トリュフォーもこれを、カトリーヌがその瞬間、本当に神秘的な存在に変身したかのように特異な画面操作をしていた。ちょっと高いところから足を下に向けたままドレスをひるがえすようにして川に落ちるのであるが、これをトリュフォーは、それぞれ撮る位置の違う三ショットぐらいの、仰角で撮って、ショットの時間を若干だぶらせるようにして継いでいるのである。一瞬が一・五倍ぐらいの感じになり、ただ落ちるのが僅かではあるが天女の舞いかなにかのようにデフォルメされた印象になる。そうは言っても変化の程度はほんとに僅かなのだが、ただの身投げを僅かでも天女の舞いに錯覚させようとするトリュフォーの意志はそこにくっきりと印象づけられる。それは本当に、アッと息をのむ美しい一・五倍なのであった。

このときカトリーヌはただバカな突飛なことをしたにすぎないようであるが、じつは自分も言いたいことがあってイライラしていたに違いない。彼女はこの騒ぎのあとで別れるとき、ジムに、明日会って話したいことがあると言う。ただこの約束は、ジムが時間に遅れ、さらにカトリーヌも遅れてきたことで果たされず、激しい失望のうちに彼女はジュールと結婚するためにオーストリアに行く。

このときにカトリーヌは、ジムに何を言いたかったのか。前後の状況から判断して、ジュールの求婚をどう思うかということだったと考えて間違いないだろう。ジュールからまじめに熱心に求婚されて受け容れたけれど、じつはもしジムにもその気があるのなら考え直す余地がないでもない。だからそれを話したかったのに、そのとき見た芝居の感想かなにか、そんなことばかり話している。ハラが立ってセーヌ河にとび込んだ。これで十分に納得のゆく説明になるが、芸術を論じることに青春の純情のすべてを捧げているジュールとジムにはそこのところがもうひとつピンとこない。

ジュールとカトリーヌは結婚し、まもなく第一次世界大戦がはじまって、ジュールはオーストリア軍に、ジムはフランス軍にと敵対する軍に召集され、お互い戦場で殺し合うことにならなければいいがと願いながら過ごす。

戦争が終わって、ジュールとジムの間には連絡がとれるようになり、ジムはジュールがカトリーヌと幼い娘と一緒に暮らしているライン河に近い山小屋を訪ねる。そしてなんとなく、二人の仲がうまくいっていないことを感じる。カトリーヌは他に男たちとのつきあいがあって奔放に暮らしているらしく、娘を残して男のもとに走ったこともあると知る。しかしジュールはジムに、「彼女こそ本当の女だ」と力をこめて言うのである。

カトリーヌとジムの間に静かに燃えていた恋はこうして急に燃えあがる。ジムはジュールから、「カトリーヌと結婚してくれ、そうすれば自分も彼女から離れないですむ」と言われる。こうして、ジュールとジムとカトリーヌの三人一緒の山小屋での暮らしがはじまるのである。ジュールはカトリーヌの夫の立場をジムにゆずってでも、カトリーヌの傍に居たいのである。

しかし、当然のことながらこの不自然な暮らしは上手くゆかず、ジムとカトリーヌの夫婦関係も冷たいものにしかならない。ジャーナリストとして仕事をしているジムは仕事のためにパリに行かなければならず、パリにはジムを愛しているジルベルトという女性がいる。ジムはこの女性と結婚する決心をする。

数カ月後、パリの映画館で三人は偶然一緒になる。一緒に食事をしたあと、カトリーヌの何気ない声にさそわれてジムが彼女の自動車に乗ると、カトリーヌは猛烈なスピードで走り出して河に向かい、壊れた橋から河につっ込んでしまう。あとにはジュールだけが残される。

こうしてストーリーをたどると、これはもう、どうしようもなく自己中心で相手の迷惑など考えにも入れないで行動する困った女性と、そういう自分勝手さをこそ近代的な自我の発達した新しい女性だと思い込んで夢中になって愛してしまう青年たちとの、どうしようもなく不毛な恋愛の失敗だと言わざるを得ないと思う。

男の態度が気に入らないとすぐ水にとび込む女も女なら、それを女の心の一途さのように受けとって感動するジュールとジムも純情すぎてバカみたいと言うべきかもしれない。しかし愚かな恋愛も恋愛である。かしこい人間だけが恋をするわけではない。

ただ、恋をしているとき、人は相手を美化しようとする。相手が自分にかまってくれないからと言って水にとび込む女を、下らないアテツケをする愚かな女だとは思わず、なにか天女の出現のように錯覚するところから恋は始まるし、あるいは芸術も始まるのかもしれない。常識的に言えばそれはお人好しということになるが、芸術青年とはお人好しになることを積極的に選んだ若者たちのことである。それはジュールとジムのベル・エポックのモンパルナス時代の友情の無邪気さによく描かれている。

とはいってても人はいつまでも純情に美にあこがれ、美を信仰しているわけにもゆかない。いいかげんなところで大人になって、社会の良識を身につけてゆかなければならない。男二人と女一人が一緒で豊かな愛情のある生活なんて成り立つわけがない。でもあえてそれを強行するところに二人は常識にさからっても新しい美を模索するという芸術青年の意志に通じる理想を見出したのかもしれない。まあ、世の中には男一人で女を複数愛せると思って得々としている者はけっこういるようだが、これは実際には純粋な愛の問題からはかけ離れた、お金や権力の問題であろう。ジュールとジムにはそこが分からない。自分たちの友情も全うし、同時に恋も貫くことこそがいちばん自分に忠実なことであると思いつめている。良識ある大人になどならなくていい、いや、なってはならないとさえ思っているのかもしれない。

これは愛の矛盾の問題である。男と女はちょうど一人ずつうまく愛で結ばれればいいけれど、なかなかそう上手くはゆかない。じゃあどうしたらいいか。愛は作り出したり修正したりして育てあげてゆくしかない。しかしなかなかそうはゆかないので、恋人たちは苦しむことになる。ジュールとジムはそれぞれ自分の一方的な思い込みにこだわって愛を育てることに失敗したわけだ。カトリーヌに至っては純粋であることと自己中心的であることとをはき違えて、辛抱づよく地道に愛を育ててゆくことのできない性格になっている。

この物語は自我の主張ということが結局そういう自己中心主義になってしまいやすいということ

の悲劇なのである。ところが、この映画を素晴らしいと絶賛する人たち、とくにアメリカの女性ファンの言葉を聞いていると、ただもう、ジャンヌ・モローの演じたカトリーヌの自己中心性を、自分もそうありたいと賞めるばかりなので、トリュフォーはがっかりしたらしい。

私もこの映画には深い感動を受けた。その感動の多くがカトリーヌを演じるジャンヌ・モローの名演からくるものであることもトリュフォーの言うアメリカの女性のファンたちとあまり変わらない。ただ、私はカトリーヌが愛のためには平気で命を投げ出せる女だというような単純なところだけで感動したつもりはない。むしろ愛という感情にはしばしばそういう危険がつきまとうことを冷静に正確に描けていると思う。

カトリーヌという女性は、常識的に考えれば異常と言うべきかもしれない。じじつ、そう考えてこの映画の全体を納得できるようになった人も少なくなかったと思う。しかし、同時に一部には猛烈に感動して、その感動の仕方が不愉快だとトリュフォーを悩ませた人たち、とくにアメリカの女性も少なくなかったのである。そのせいかどうか、以後トリュフォーが作る恋愛映画はわりと常識的なものが多く、そのぶんつまらない。

カトリーヌというヒロインのその異常さの元にあるのは何だろうか。私はそれを、ヨーロッパの近代が合理主義を確立する過程で見失った騎士道物語的な貴婦人崇拝の幻想ではなかったかと思う。

男二人、ジュールとジムは、ともにロマンチックな男である。失われたロマンチシズムを求めて芸術の世界をさ迷っている若者たち、と言おうか。しかし現代の現実にはそれは見当たらない――と思っていたら、そこに現れたカトリーヌが、突然セーヌ川に飛び込むという異様なやり方で、ここに私という貴婦人がいるではないか、と宣言したのだ。それを馬鹿げていると見るのが常識であろうとも、一瞬、映画技法の魔力と、トリュフォーの情熱のほとばしりと、そしてなにより、それを演じたジャンヌ・モローの殆ど傲慢と言っていいキャラクターがそこに結集して、失われた中世の貴婦人崇拝が復活したのだ。

ジャンヌ・モローはその前に、やはり新人監督だったルイ・マルの傑作「死刑台のエレベーター」に出演して新人として注目されていた。自分の夫を自殺に見せかけて殺すために、愛人を夫の事務所のビルにしのび込ませて自分はビルの外で待っているという悪女の役である。ところが愛人は夜中に出てくるはずなのに、エレベーターの故障でなかなか出られない。それをイライラしながら夜中のビル街で待っているのだが、その姿がマイルス・デイヴィスが即興で演奏したトランペットの響きもあって絶望という気分の結晶のように見えた。そしてその頃、同じようにエゴイズムに結晶してゆくだけの愛を描くことで注目されていたイタリアのミケランジェロ・アントニオーニの作品にも出演したりして、愛の不安という時代の気分を代表するような存在にもなった。

イタリア映画の愛の過剰と不安

以前、私はローマに行ってこんな経験をしたことがある。タクシーに乗って繁華街を走っていたのだが、あるところの交差点でその車が止まったとき、ちょうど目の前を、きれいな中年の女性が歩いてきた。そのとき私の車の運転手がとつぜん、「ベリッシマ！」と大声で呼びかけたのである。びっくりした。

「ベリッシマ」というのはイタリア語で「すごい美人！」というような意味らしい。イタリア映画の巨匠のひとりのルキノ・ヴィスコンティ監督に「ベリッシマ」という作品があって、その解説を読んで知っていた。呼ばれた女性は知らん顔をして行ってしまった。そんなことには馴れているのだろう。

日本でも、似た経験がないわけではない。私がまだ十代の頃、姉と一緒に街を歩いていたりすると、ちょっと不良っぽい若者から、「よう、よう」とからかわれることがよくあった。あれと似ているけれども、イタリアの場合は男女関係を想像して冷やかしているという嫌らしさは全くない。単純に美人を賛美しているというだけの明るい掛け声で、なんだか愉快だった。

イタリアにはよく行くが、こんな経験はこれっきりで、これがイタリアでは普通なのか、特殊なのかも分からない。しかしなんとなく、イタリアだなあ、と思った。日本人、あるいはアジア人、とくに儒教文化圏では、男が女性の美しさを賛美するのには相当な度胸が必要で、その点、西洋人はよほど平気である。しかしその西洋の中でもイタリアは特別なようである。子どもの頃、母親に思いっきり甘えた。その気分の延長のような悪気のなさなのである。まあ子どもが母親に甘えるのは万国共通だと思うが、その気分は大人になるにつれて、甘えすぎてはいけないと言われて制限されてゆく。これも万国共通だと思うが、イタリアではちょっと、それが遅いのではないか、と思われる。イタリア映画には母親に甘ったれる若者というのがよく出てくる。フェデリコ・フェリーニ監督の映画にはよく大女が出てくるが、あれは母親の代わりじゃないかと私は思う。また、イタリア映画には古くから、うんと年上の女性と若い男の恋愛を描いた名作がある。一九二二年の無声映画に「過去よりの呼声」という名作があるが、これは若くして夫を亡くし、一人息子も亡くしてしまったジョバンナ（マリア・ヤコビニ）という女性が、悲しみをまぎらすために貰い子をする。その子サンテが成長して青年になった頃、彼女の息子に対する愛情にはいつしか恋愛感情がまじって、息子の結婚のときにそれがトラブルのもとになるという話で、なかなかいい映画である。

ずっとのちにも、年上の中年女性と若い男との悲恋というのはイタリア映画の重要な部分を占めていて、ルキノ・ヴィスコンティの「夏の嵐」で、アリダ・ヴァリの貴族の奥方を慕うファーリー・グレンジャーの青年将校とか、ヴィットリオ・デ・シーカの「終着駅」という名作で、ジェニファー・ジョーンズの中年の奥方様タイプの女性と甘えるような態度のラブシーンをするモンゴメリー・クリフトとか、あげていったらキリがない。そこではたぶん、家族のみんなが母親に甘えたがるイタリア的家族主義、崇高な女性像としてマリア様をとくべつに仰ぎ見るカトリックのマリア崇拝、恋愛なしでは夜も明けないようなラテンのロマンチシズム、などなどが渾然一体となって、年上の女性に甘えるように恋い慕うというイメージが成り立っているのかもしれない。とくにマリア崇拝というのはイタリア文化の中では重要な役割を占めているのではないかと思う。キリスト教は一緒、とくにカトリックは一緒と言っても、キリストが発する観念化された愛のイメージの硬さと、マリア様が発する情感豊かな愛のイメージの柔らかさと、どちらに重点を置いてキリスト教を信じるか。まあ信者の方々はそんなことは問題にはしないのかもしれないが。

かつてイタリアの映画監督のミケランジェロ・アントニオーニが日本に来て、東京のイタリア文化会館で講演をしたことがある。そのとき彼が、「欲望」（一九六六）という作品をイギリスで作ったことについて触れて、自分としてはイタリアを離れることで、イタリアの民族的なテーマである愛という問題から離れてさっぱりできると思った、といったようなことを話していたことが印象に残っている。全体の論旨を忘れた講演の聞きかじりの断片を、しかも通訳つきのそれをこうして引用することは失礼なことで、本人が本当に言わんとしていたことを勝手に自分の都合のいいように曲げて解釈することになりやすいので警戒しなければならないことなのだが、この場合は、なるほどイタリア人自身にもそう思っている人がいるのかと非常に印象が強かったので、あえて引用させていただくことにしよう。

イタリア人だからといって、みんながみんな、イタリア的な特色と言われる傾向をそっくり身につけているわけではない。日本人がみんな日本的であるわけではなく、むしろなかには日本的伝統というものが本当に嫌で、なんとかそこから脱却したいと願っている人がたくさんいるのと同じことだ。それに一口にイタリアと言っても、南と北ではずいぶん違う。南はいわゆるイタリア的な傾向がいっぱいで、北はフランスやドイツともそう変わらないヨーロッパである。

そこで同じイタリア人でも、イタリア的な傾向をたっぷり身につけている人たちもいれば、それにむしろ苦笑している人もいるわけだ。日本で言えば演歌調の歌謡曲を感情をこめて歌える人たちと、逆に演歌調はごめんという人たちと、これはもうはっきり好みが分かれている。

イタリア人も、愛愛愛で女性に甘える性質のイタリア派と、それには少々苦笑する人がいるのだろうが、その違いはじつはよく見えなかった。ところがミケランジェロ・アントニオーニはその違いをくっきり目に見えるものにしてくれた。

愛は大事だけれども、現実にはこれほど頼りないものもない。確かに愛していたはずなのに、ある日、ふっと気づいたら、その愛は消えていた、なんてこともあり得ないことではない。農業社会のように、人々がだいたい同じ村か、せいぜい隣の村ぐらいと婚姻関係を結ぶぐらいで、人間関係が密接だと家族も緊密でいられるけれども、工業社会化・商業社会化が進むと人間関係も流動的になるし、それにともなって、また愛情関係もうつろいやすくなりはしないか。ある日ふっと、愛しているはずだった人との間に愛が失われてしまっていることに気づいたり、自分は本当に孤独だと気づいたりすることにもなるのではないか。そんな心配を語る映画を、愛でいっぱいのイタリアでこそ彼は無駄な心配のように作る。

アントニオーニの作品で私が最初に見たのは「さすらい」(一九五七)という作品だが、これは、北イタリアの工場地帯で働くアルド(スティーヴ・コクラン)という労働者の話である。彼は夫がオーストラリアに行ったまま帰ってこないイルマ(アリダ・ヴァアリ)という女と暮らしていて、もう二人の間には六歳の娘がいる。ある日、彼女の夫の死亡通知がとどいて、これで晴れてイルマと結婚できると思っていると、彼女は、もう愛は消えてしまったから別れたいと言い出す。そこで彼は娘の手を引いて、あてどのないさすらいの旅に出る。しかしどこへ行っても感じるのは孤独だけ。それでもとの土地に帰ってくると、イルマは他の男と結ばれて、生まれた赤ん坊をあやしている。アルドは絶望して、前に勤めていた工場の高い塔の上から身を投げて死ぬ。

アントニオーニの代表作は「情事」(一九六〇)で、この作品ではなぜか、主人公の愛人が一緒に行った小さな島でこつぜんと行方不明になる。どこに行ったのか、死んだのか、それが最後まで分からないまま、ただ捜すことだけは続くという不思議な作品である。ヒロインがいなくなって、そのまま、どうなったかもしらせずに終わるなんて映画、他に見たことがないので、本当に不思議なのだけれど、これは要するに、主人公の心から消えてしまった、あるいは作者の頭の中から消えてしまったと解釈するしかないように思う。そんなバカな、と言われるかもしれないけれど、じつはこれこそ、人と人の心の結びつきがある日ふっと消えてしまうということこそが、大衆化社会というもののいちばん怖いことなんだという、誇張した表現のつもりなのではないだろうか。

アントニオーニは、イタリア文化の伝統である愛を否定しているわけではない。むしろ愛を尊重すればするほど、人間関係が流動化している現代社会では愛が成り立つことは難しくなってゆきはしないかということを心配して描いているのだと思う。

この作品が当時、世界的に評判になって、世界の映画芸術の最先端をゆくもののように論じられると、彼はこれと、これに前後して作った「夜」（一九六一）、そして「太陽はひとりぼっち」（一九六二）という三本の作品を共通のテーマによる三部作と呼んだ。一般にはこの三本は「愛の不毛」の三部作と呼ばれている。いずれも、恋人同士だったはずの男と女が、あるとき、自分たちは本当に愛し合っているだろうかと考えてみたら、そうではなかったと気づいてがくぜんとするという内容である。じつはこのテーマは「さすらい」のときから始まっていたのだ。

さて、では現代人はかつてより愛し合えなくなっているというのか。そんなことはないだろう。人間性というものはそう変わるものではない。ただ、地域社会や親族関係まで含めた愛情関係の共同体というものが弱体化し、男と女がつねに一対一で相手の愛情だけを頼りにするという傾向がより尖鋭になっていることは否定できない。安定した愛情関係というのは、家族や親族や社会への信頼をともなって形成されているのであって、一対一の愛情はそもそも不安定なものである。そして社会の近代化は地域社会や親族社会を切り離してバラバラにする方向に進むので、一対一の男女の信頼しか頼りにしてはいけないということになってゆく。すると相手の一挙手一投足に真の愛がこもっているか、などということがやたら意識されるようになり、愛の不毛という認識を助けてくれることになるのだろう。

イタリア映画は歴史が古く、無声映画時代の一九一〇年代の末から二〇年代の始めにかけて、ひとつの黄金時代を築いている。当時、得意にしたのは「アントニーとクレオパトラ」というような大スター女優の活躍する古代歴史スペクタクル劇と、やはり大スター女優たちが風格の大きな演技を見せる現代もののメロドラマである。それで当時はイタリア映画の大女優時代と呼ばれた。

トーキーになって、国際的にはしばらくイタリア映画の存在は忘れられていたが、第二次世界大戦の終結とともに敗戦のナマナマしい現実を真向うから描いた一連の映画が、「イタリアン・リアリズム」あるいは「ネオリアリズム」と呼ばれて世界の映画に大きな影響を与える。そこでもアンナ・マニャーニという大女優がなりふりかまわぬ体当たりの演技で目立ち、まもなく経済が復興すると、社会派映画よりもロマンチックな映画が求められるようになる。すると、ソフィア・ローレンを筆頭にして人気女優中心の映画がまた人気の中心になる。

もちろん男の人気スターもおり、イタリア映画のファンなら誰でもマルチェロ・マストロヤンニは知っている。しかし考えてみると、マストロヤンニの役というのはだいたい、ソフィア・ローレンやその他のスター女優の演じるヒロインに何かと言いわけなどをしているという、女に頭の上がらない男の役である。大女優時代は今でも続いているというか、それがイタリア映画の、あるいはイタリア文化の伝統なのだと言っていい。アメリカ映画がいつの時代でもマッチョな力強い男の大スターを中心にして発展してきたのと対極をなすあり方で、ヨーロッパの中でもイタリアだけが際立って大女優中心なのである。

イタリア映画における女性崇拝は、イタリアにとくに根強いマドンナ崇拝の伝統から来ていると思う。女性の姿をした神聖な存在を礼拝するということにイタリア人は馴れている。日本でも神道にアマテラス崇拝があるが、女性を認めない傾向にある仏教のほうが強力で、アマテラスのイメージを抑えている。

もうひとつ、イタリアにおける家族主義の根強さということを考えないといけない。イタリア映画の「シシリーの黒い霧」（一九六二）という作品には、シシリー島（シチリア島）で第二次世界大戦後に独立運動があったとき、独立運動のリーダーの青年が政府軍の攻撃で弾丸に当たって倒れるという場面がある。すると母親がとんできて、倒れた息子を背にして政府軍を呪う。同じ村の母親たちも皆、それを盛り立てるようにして政府軍を罵る。日本だったら普通、こんな場合には母親は息子にすがりついてかばうようにして泣く、くらいがせいぜいのところだが、イタリア映画ではだいたいこんなふうに、息子を背にして敵の兵隊たちに向かって「撃つなら撃ってみろ！」と啖呵を切るのがお決まりの表現である。それだけ母親（マンマ）は力強くたくましい存在として描かれることが多い。

第二次世界大戦の戦中・戦後の苛烈な現実を徹底したリアリズムで描いたイタリアン・リアリズムで国際的な評判を回復したイタリア映画は、経済的に復興するとまた大女優時代に戻る。イタリアン・リアリズムの指導的な立場にあったロベルト・ロッセリーニの助手から出発したフェデリコ・フェリーニは、代表作の「甘い生活」(一九六〇)の一場面で、体のとても大きいことで知られたスウェーデンのアニタ・エクバーグという女優を出演させて、主役のマストロヤンニの記者に彼女を見上げさせ、びっくりさせて、そのふところに抱きしめられるような感じの抱擁をさせた。別にストーリー的にはこれといって意味のない、ちょっとしたその場の思いつきで撮ったような一場面にすぎないが、母親のふところに抱かれて安心することが人生の幸福の出発点であると堂々と宣言しているような名場面である。

このフェリーニの映画は、天才的な発想に充ち充ちて一世を風靡したが、女性崇拝的なイメージがだんだん前衛映画のような象徴的な表現になっていって、難解さに閉口したものだ。

商業的に世界の中心にあるアメリカ映画には、ゲーリー・クーパーとかクラーク・ゲーブルとか、ジョン・ウェインとか、いかにもたくましく力強い感じの大スターたちが中心にいて、そういう男がやさしい女性を力強く抱きしめるということが、いわばラブ・シーンの王道になっている。しかしヨーロッパにはそんなマッチョな男優はあまりいない。せいぜいフランスのジャン・ギャバンが労働者的なたくましさを感じさせる程度である。しかしそこからフランス映画は、特別にマッチョではない普通の男の愛の悩みをリアルに描く方法を作りあげて、言わば大人の鑑賞に堪える深みのある恋愛映画をたくさん生み出した。

ヨーロッパの中でもとくにマッチョに重きを置かないのがイタリア映画である。ラブ・シーンの多いスターとして知られるマルチェロ・マストロヤンニなども、実は恋人を力強く抱きしめる頼もしさというより、いつもつい女性を裏切ってしまって、それで悩んだり後悔したり、すまなかったと詫びたりする、そういう時の演技にいかにも心情がこもっているので許される。相手の女性も、もう一度一緒にやってみようかという気になれる。そんな役が多い。女性から見ると、ダメな息子でもそんな態度で許しを請われたりすると、つい抱きしめてやりたくなるというような、そんな演技ができるのがいいスターである。ソフィア・ローレンと共演した「あゝ結婚」(一九六四)なんて、まさにそういう妻としての愛というより、母性愛に近い愛情表現をソフィア・ローレンに発揮させた。

「あゝ結婚」はヴィットリオ・デ・シーカ監督による大衆的でわかりやすい作品だが、同じような愛情のあり方を、ぐっと冷静に、客観的に描いたのが、ミケランジェロ・アントニオーニの前述した「情事」だ。

ミケランジェロ・アントニオーニは、その後「欲望」、「太陽はひとりぼっち」、「赤い砂漠」(一九六四)といった作品で、ますますエゴイズムと愛の矛盾を掘り下げて結論の見出せない難解な世界に入り込んでゆくが、これはもう、愛とはそれほどまでに微妙で恐いものなんだ、ということであると思う。そこに共通するのは、それがいずれもマンマのいない若者たちの世界だということである。都市化と工業化と、さらには難民化などが進むと、マンマがしっかり愛でまとめていた従来のイタリア的社会はどうなるか。若者たちが一対一で向き合う社会に、イタリア人は果たして耐えられるのか。アントニオーニは、そうなる前からそれを予見して気に病んでいるのかもしれない。

第四章　現代日本の恋愛映画

「忍ぶ川」　一九七二年　東宝＝俳優座

熊井啓監督の「忍ぶ川」は、じつに古風な映画である。デビュー作の「帝銀事件・死刑囚」いらい、いつも、きわめて今日的な素材を追い、その素材自体の持つ社会性と問題性で勝負してきた彼が、なぜ一転して、こういう古さの探究におもむくことになったのか、いささか、けげんな気持ちで完成を待ったものだった。

古い日本的なものへの関心がこの映画の主要なモチーフであることは、最初のタイトル・バックの、いかにも古い板の木目から、すでに明らかである。

つづいて、隅田川にかかるアーチ型の橋と、そこをゴトゴト行く都電の風景になる。この橋は、昭和初期の松竹蒲田撮影所あたりの作品では、東京のモダーンな風景のシンボルのように、よく現れたもので、戦後もしばらくの間は、映画の中で見かけることがあったが、近年はほとんど見られなくなっている。つまり、これは、東京の中心が浅草を中心とする隅田川周辺にあった時代のモダニズムを象徴する眺めである。都心が西へ移行するにつれて、この橋も、ときおり、古い東京情緒を思い出させる、という程度の眺めになり、モダーンな風俗といえばもっぱら新宿が映されるという時代になってからは、ほとんど忘れられてしまった眺めである。

その、忘れられた風景の中へ観客を案内することから、この映画は始まる。案内する乗り物は都電。つり革が大きくリズミカルにゆれるところをアップで撮ったショットがあるくらい、この都電の乗り心地を、乗ったことのある人は思い出せるように撮ってある。もちろん、都電も、いまや片っ端から廃線になりつつあるものであって、古いもののシンボルと見ていいであろう。ただ、この都電に乗っている、栗原小巻の扮するヒロイン志乃は、着物は着ていても、その着こなしも身ぶりも表情もたいそう今日的であり、決して古風な女に見えない。

彼女と並んで腰かけている、加藤剛の主人公哲郎の回想で本筋に入る。まず字幕で、

「私が　志乃と識《し》り合ったのは　寮の　卒業生送別会の　晩だった」

と説明される。この字幕は必要か。必要ないと思う。この字幕がなくても、つぎの場面が回想であることは分かる。分かるのにとくに字幕で説明されると、それがいかにもモノモノしい意味あり気なものに見える。さいしょ私は、この字幕の文句は原作にある言葉だろうと考えた。原作を熱烈に愛するあまり、極力その匂いを映画の中にも持ち込もうとして、原作の中の印象的な言葉の断片を、そのまま字幕に持ち込んだのではないか、と思った。しかし、原作に当たってみると、それは違っていた。原作のこれに相当する部分は――

「私と志乃は、その年の春、山の手の国電の駅ちかくにある、料亭忍ぶ川で識りあった。私は、忍ぶ川の近所にある学生寮から、東京の西北にある私立大学に通う学生で、三月のある夜ふけ、寮

の卒業生の送別会の流れにまじって、はじめて忍ぶ川へいったのである」というのである。字幕はこれを簡略にしたものであろう。

ただ、この原作の文章では、忍ぶ川という料亭の場所は東京のどこかであることが明示されており、さらにそのあとの記述で、哲郎のいる学生寮が、彼の郷里の、東北のある田舎町の出身者たちのためのものであることが説明されているので、すんなりとのみこめるが、映画では、前記の字幕のあと、いきなり哲郎たちの寮の送別会の場面になり、そこでは、学生たちがみんな東北弁しか喋らないので、ここは東北か、という錯覚を持った。

時代は明示されていないが、風俗から判断して、戦後の極端な貧困の時代は終わったが、まだ売春禁止法は実施されていない頃、つまり一九五〇年代の前半であろう。だとすると、今日の東京の風景を映して場所の説明をするにしては、建物などの風景があまりにも変わりすぎている。従って、風景ショットで忍ぶ川や寮の場所を紹介することは困難だったに違いない。その意味で、この映画が当時とあまり変わりのない江東の風景以外には、東京の風景を極力出さないようにしている理由は止むを得ないものとして理解できる。それに、説明的な描写を極力避けるのは今日の映画では常道とされている。そう考えれば、説明不足ということは特に欠点とは言えない、とも思うのだが、それならば、なくても差し支えない字幕が、とくにあるのはどういうわけか、と思ってしまうのである。

些細なことにこだわるようであるが、東京のまん中に、東北の田舎町の出身者だけの学生寮があって、そこの学生が、近所の小料理屋の女に惚れて深川へデートに行く、という設定には独特のリアリティがある。東京に来ても同じ町の出身者だけで寮生活をしているその閉鎖性と、小料理屋のイメージの閉鎖性、そして、近代的な盛り場へではなく、深川という、東京でもいちばん古風な町へデートに行くという、そのひっそりとしたイメージ。それらはすべて、人々がひっそりと肩を寄せ合って生きる古い共同体的な生活への志向を表わすもので、逆にいえば、近代的な、開放的な、にぎやかな、断片的な生活、といったものへの恐怖があるように思われる。この映画は、古き良きものへの憧憬を表現しているが、それが同時に、都会的なものへの違和感にさいなまれる地方出身者のコンプレックスとしてもとらえられていたら、いっそうリアリティを増したと思うのである。

ところで、最初の字幕は、原作どおりの文章ではなかったが、このあと何度か出る同ようの字幕は、いずれも、原作のストーリーの大きな区切り目ごとの書き出しの一節をそのまま用いたものである。そしていずれも、ストーリーを理解するうえでは特に必要なものではない。特に必要ではないのにそれがわざわざあるのは、作者たちが、その言葉に特別な愛着を感じているということであろう。それらの字幕は——

「その日は　昼　志乃を信じた　さいしょになった」とか——

「その年の　大晦日　私は志乃をつれ夜行列車で上野を　発った」

という具合に、「志乃」「志乃」「志乃」とヒロインの名を書き込んだものである。恋する人間が恋人の名を繰り返しノートに書き込んであきないのとおなじ心理が、原作者がこの小説を書くときに働き、その気持ちが、「志乃」という、まことに雅致に富んだ語感とマッチして読者に乗り移ったことが、この小説の人気の土台にあるのかもしれない。

シナリオの長谷部慶治と熊井監督は、こうした原作者と読者の気持ちをそっくり映画に移し替えようとしたものだと思われるが、その移し替え方はやや無邪気にすぎたかもしれない。言葉では、「志乃」「志乃」「志乃」と書きつければ、そこから、各自、自分ごのみの古風な日本調の美人をいくらでも思いうかべることができる。しかし、映画では、現に映っているのは栗原小巻である。観客は、この目の前に見える栗原小巻を愛さなければならないのであって、「志乃」という名前の繰り返しから導き出されてくる、想像の中の美女を愛するのではない。小説の読者にとっては、「志乃」「志乃」「志乃」という言葉の繰り返しが想像力の導き手になるが、映画の観客にとっては、これはむしろ、現実にそこに映っている栗原小巻を愛することの邪魔になっているように思う。

また些細なことにこだわるようだが、こういう写実的な映画にとっては、デテールが重要である。ことに、ヒロインの志乃は小料理屋の女中であり、貧しい環境に育ち、教養もないのに、言葉づかいは正しく、立ち居ふるまいも見事に作法にかなっており、生きる覚悟、といったものを鮮烈に身につけていて、主人公を深く感動させる女である。そういう環境にそんな女がいたら、男はどんなに感動するだろうか。

主人公の哲郎は東北の田舎町の出身だが、学資を出してくれていた兄が木場にいたので深川はくわしい。いっぽう、彼が料亭忍ぶ川で知り合った志乃は、木場の近くの洲崎の遊郭の射的屋の娘で、子どもの頃戦災でその土地を離れている。そこで二人は隅田川を渡る都電に乗って深川に行き、木場と洲崎を歩いてみる。

深川という町は、私などのように、地方都市から東京に出てきた人間にとっては、東京ではあっても、地方都市と似た軒並みの低さ、ほこりっぽさ、工場や住宅の入りまじった雑然とした人なつっこさ、などがあって、一抹の郷愁を感じさせるところである。哲郎は、たまたま兄がそこにいたということでそこに行くのであるが、この作品の中では、この町は明らかに、東京の中にあって古い情趣を残している部分として意味づけられている。志乃はこの町で生まれ、この町の住民の下町気質の良い面だけを純粋に身につけたような父親（信欣三）に育てられたことによって、立派な女になったわけであろう。

栗原小巻はけんめいに演じている。ただ、どう見ても、彼女は中産階級の堅い娘であり、弟が箒つくりの職人をしている、という環境の女ではない。そういう貧しい水商売の女であるにもかかわらず、中産階級の令嬢のように見えるから哲郎は惚れたのか、それとも、貧しい水商売の女のまま、しかし、それなりに立派に、礼儀も身だしなみもわきまえ、堅気のモラルと色気を持っているから素晴らしいのか。この作品のばあい、あくまでも後者でなければならない、と思うのだが、どうしても前者に見えてしまう。中産階級の娘というより、零落した武士の娘と言ったほうがより適切かもしれないくらい、彼女はいつも、悲劇的なきりりとした健気さと、端正な立ち居ふるまいと、言葉づかいや表情を見せていて、生まれながらそういう環境にある女なら当然持っていていいと思われる無心な日常的な陽気さといったものはほとんど見せない。

　哲郎は、兄と姉が四人も自殺や行方不明になっていて、残された一人の姉も生来の弱視で結婚せずにひっそりと郷里の家にいるという特異な家を背負った青年である。原作では、小さいときにそのことで近所の子どもたちにからかわれて以来、その家系をひたすら恥じて成人したことが、かなりくわしく説明されているが、映画の加藤剛は、見るからにすくすくと育った、どことい って陰のないさわやかな優等生である。志乃に婚約者があったと聞かされ、その男から肉体も求められたと聞かされて、重々しく「やったか?!」と問うところとか、結婚式の晩、弱視の姉から、「わたし、生きていてもいいの」と聞かれて、「馬鹿だなア、なに言ってんだい」と答えるあたり、いずれも、すでに家父長の貫禄十分の堂々たる男子である。

　原作では、主人公二人は、それぞれに重すぎるほどの人生の重荷を負っていて、だからこそ、ことさらいじいじしないように、と自分に言い聞かせている風情であり、その風情が二人を自ら引き寄せ合うのだと感じられる。いっぽう、映画の二人は、終始、まことに毅然たるものであり、どんな環境や家系を背負うとも、うちひしがれることなどありはしないように見える。つまり、栗原小巻と加藤剛が立派すぎるために、二人の健気さに拍手すべきこの物語が、いささか、模範的な男女による、清く正しい模範的な恋愛の教科書のように見える。

　その結果、原作では、古い日本的な情趣への沈潜というのは、家系の重荷で気の滅入りがちな主人公の心の憩いの場として、いわば消極的な意味でだけ価値を主張していたように感じられたものが、映画ではそれが、二人の逞ましい毅然とした心根の源泉として、より積極的な価値を主張しているようである。志乃の父の気骨のある人柄と、それをはぐくんだと思われる下町の風土感の描き方。哲郎の田舎の実家の、このまま朽ちてなるものかといった伝統を思わせる堂々たるたたずまい、などにそれを感じないわけにはゆかない。そこに、熊井啓のテーマがあったのであろう。

以上、いくつかの欲を書いたが、この映画が、日本映画ではもはや滅多に見られなくなった、オーソドックスでシリアスで写実的な映画として、稀な力作であることはたしかである。ことにワン・ショット、ワン・ショットたんせいこめて撮っているという努力がありありと見えるカメラ（黒田清巳）の美しさは特筆すべきものである。この映画の初夏の木場、冬の東北などは、久しぶりに、情趣ゆたかなオーソドックスなカメラの力を見せてくれる。

美術や小道具のたんねんさも見ごたえのあるものである。ことに、東北の哲郎の家の台所のたたずまい、その漬物のカメや、お膳のデテールに、私は久しぶりに、したたかな生活の手ざわりを感じた。その台所のあたりのうす暗い隅で、哲郎の姉（岩崎加根子）が、不安な胸をおさえてひっそりと立ちすくんでいる風情など、たまらなくせつない恋人たちが初夜を過す、その性行為のあり方が、エロチックというよりむしろ神聖なものに感じられるような、古い家の質感の描出が見事である。

「息子」 一九九一年　松竹

恋愛映画で愛し合っている恋人たちの結婚のさまたげになるのは、昔は身分の差というのがいちばん多かったものだが、民主主義のおかげで、そんなことは少なくとも映画のテーマにかかげるわけにはゆかなくなった。それで恋愛映画は相当に作りにくくなったはずである。城戸四郎が恋愛映画を大事に育てたことで一九五〇年代の半ばまで業界のトップの業績をあげていた松竹大船撮影所が、以後、チャンバラの東映や石原裕次郎のアクションものの日活などに商売では追い抜かれてしまう。

それでもしばらくは山田洋次監督の「男はつらいよ」シリーズのヒットで大船はがんばるが、これは差がありすぎて結ばれる筈のない恋を夢みつづける男の喜劇で、大船撮影所が築きあげてきた伝統のパロディだった。山田洋次監督はしかし「男はつらいよ」のヒットの合間合間にいくつか、正統大船調とも言うべき恋愛映画を作っている。「息子」はそのひとつで、一見ぐうたらとも見える生き方をしていた青年が、心機一転、まじめな肉体労働をはじめ、仕事で知り合った若い女性に恋をするという本格的な恋愛映画である。

青年はしかし、倉庫の事務員をしている彼女が言葉の言えない障害者であることをはじめは知らない。しかしそれを知っても、そんな壁は愛さえあれば越えられるはずだと思って勇敢に求婚し、受け容れられ、素敵な恋愛生活に入る。しかし本人同士はそれで満足でも、親はどうか。東北の田舎で農業をしている父親が出稼ぎで上京してきたとき、それまで知らせなかった彼女を紹介して結婚させてほしいと言う。すると父親は、なんでもないことのように承知して、むしろ彼女に「本当にこの息子と結婚してくれますか」と心配そうに聞くくらいである。父親にしてみれば、この息子の上にいる兄たちが、大学を出てサラリーマンのエリートコースに乗っているのはいいけれども田舎者で出稼ぎ労働などしている父親と、肉体労働でがんばっている弟をバカにしている様子でつき合いにくくなっていることのほうが心配なのである。それで肉体労働で立ち直ったらしい末っ子と結婚してくれるという気立てのいいお嫁さんがいてくれたというだけで本当に満足らしいのである。この父親を三國連太郎が演じているが、名優中の名優の彼としてもひときわいい演技だった。

この映画は、身分の壁ということを容易に使えなくなった恋愛映画の歩みの中では、それに代わる障害の壁ということを持ち込んで、早くも模範解答を出したようなものでもあった。

「Love Letter」一九九五年

これは近年稀に見る面白い日本映画である。こんな才能のある新人があと二、三人も現れたら日本映画も息を吹き返すんじゃないか、とさえも思わせる見事な技巧派である。

死んだ恋人の中学生時代の住所を知った神戸の若い女性が、天国に宛てたつもりで返事を期待しない手紙を書く。ところがそれに返事がくる。彼と同姓同名で、しかも中学生時代には彼の同級生だった女性が小樽に住んでいたのである。彼女はその小樽の彼女（中山美穂二役）に手紙を書いて中学生時代の彼の記憶をたどってもらう。そこでだんだん明らかになってくるのは、同級の男女の同姓同名という奇妙ないんねんで迷惑していたらしい彼が、一言も本心の告白はしなかったけれども本当はその小樽の彼女を愛していたということであり、のちに神戸の彼女と恋愛関係になったのは、じつは小樽の彼女の代わりだったのではないかということである。

見ていて、なんという偶然また偶然の現実にはありそうにないややこしいオハナシを考える作者だろうとびっくりするが、語り口の面白さと叙情的で軽快な映像、そして要所要所の意表をつくユーモアに乗せられて見てゆくうち、そのいかにも嘘っぽいストーリー展開というものが、ナルシシズム（自己愛）的な傾向の若者の幻想の中での自問自答というふうに見えてくる。つまりこれは、たんなる無内容な夢物語ではなくて、いわば恋を恋し、失われた過去を美化し、自分では気づかなかった友達がじつは自分を想ってくれていたという、愛の不意打ちみたいなことに小躍りするという、愛についてのさまざまなファンタジーを、千切っては投げ、千切っては投げするようにスクリーンにばらまいてみせてくれた映画なのである。一見たあいのない映画のように見えて、こんなに生きる楽しさに満ちあふれている映画もそうザラにないと思う。

この作品でとくに興味深いことは、これが韓国、香港、台湾など、近隣アジア諸国の若い女の子たちの間でとくに圧倒的なまでに評判になり、高い人気を得たことである。現に私が校長をしていた日本映画学校（現日本映画大学）にそれらの国や地域から、この映画が好きなために日本に留学したいと思ったと言ってやってきたという若い女性たちがいたほどなのである。脚本監督の新人岩井俊二の才気は抜群だったが、それはとくにアジアの若い人たちには、おなじアジア人である自分たちにとってとても身近で親しめる新鮮なモダニズムだったのだと思われる。

「あ・うん」一九八九年

これはしみじみといい気分になれる映画だ。しっとりとした味わいのある家庭的な映画というのは、かつては日本映画のお家芸だったものだが、ホームドラマはテレビが主流になってから、映画ではその伝統が途絶えた。そのテレビのホームドラマでもっともいい作品を書いた作家のひとりに向田邦子がおり、彼女が小説として書いた「あ・うん」も脚色されてテレビドラマの名作のひとつになっている。これをさらに映画向きに脚色（中村努）し直し、ベテランの降旗康男が監督した。この映画化のミソは、かつての任俠映画スター、いまでももっぱら豪放な男の中の男みたいな役をやっている高倉健が、ここでは一転して気のいいふつうの小市民を演じていることであり、これは彼がこういうふつうの役をやりたいと希望したところから題材をさがして出てきたものだそうである。おまけに相手役が富司純子（かつて任俠映画全盛時代に「緋牡丹博徒」シリーズなどであでやかな大立廻りでファンをうならせた藤純子）である。

任俠映画の名コンビをホームドラマで復活させようというわけで、一見したところ途方もない試みのようだが、もともと彼らのかつての任俠映画は、暴力だけでなく、歌舞伎的に様式化された情緒てんめんたる味わいも重要な要素だったもので、しかもその情緒性は、やくざ抗争劇の副次的な主題としての、禁じられた恋のプラトニック・ラブの切なさ美しさから発する場合が多かった。「あ・うん」は、家族ぐるみで親戚以上の密接な交際をつづけている二つの家族の物語であるが、おだやかなノスタルジックな物語だった原作およびテレビドラマから、禁じられたプラトニックな恋という隠された主題を摑み出し、それをくっきりと浮き彫りにしてみせることによって、高倉健と富司純子にふさわしい強いドラマ性を含んだ映画に仕立て直されている。見事なアダプテーションと言っていいと思う。

主な登場人物は水田夫婦（板東英二と富司純子）と門倉夫婦（高倉健と宮本信子）、それに水田の娘（富田靖子）とその恋人の学生（真木蔵人）である。

水田と門倉の夫同士が軍隊時代の戦友で、以後、兄弟以上の親密さで家族ぐるみのつきあいが続いているが、水田はふつうのサラリーマン、門倉はちょっとした会社の経営者で、おりから日中戦争初期の軍需景気で羽ぶりがいい。両家の生活水準には相当な差があり、水田が部下の使い込みで困っていると門倉がその穴埋めをしてやるなど、門倉のほうがなにかと水田を助けてやっているという関係にある。それでも門倉のほうは、妻と二人の家庭生活より水田家に立ち寄っているときのほうがリラックスして楽しいと言い、賢い妻もそのことを認め、両家は全く対等の友人関係で和気あいあいとしたつきあいをつづけている。テレビドラマでは確かに、両家は稀に見る親しい友人関係であった。映画はそこに、じつは門倉は水田の妻に惚れている、という劇的な強調点を加える。

惚れているからなにかと理由を見つけては門倉は水田の家を訪ねるし世話をやく。

しかし門倉は、親友の妻に邪しまな態度をとってはならないとわきまえている良識人でもあるから、その気持はあくまで秘めたまま、親友らしく会えば陽気につきあう。ある日、水田の娘は、母と門倉がしんみり話しあっている姿を見て二人の間に秘めた愛があることを直感する。しかしじつはそのことは、水田夫婦も門倉夫婦も知っていることなのである。知っていながら、友情の純粋さを傷つけたくないためにみんな知らん顔をしている。彼らのつきあいの端々にその秘めたる真実がチラチラ出て、まことにおもむきの濃い人情劇となっている。門倉は自分の想いがついに危険な情念にまで達したと自覚したとき、真実を明かさずに友情関係を打ち切るつもりで、あえて水田に致命的な悪口雑言をあびせる。歌舞伎の世話物の作劇術で言う〝愛想づかし〟である。それで仲が崩れると思いきや、日中戦争の深まってゆく不安な時代相の中で肩を寄せ合うようにして、彼らはやっぱり引きつけ合う。

テレビドラマで門倉を演じたのはいくらか喜劇的な味を持った俳優であり、水田の妻を演じたのももっと世帯臭い味のある女優だったが、それだと、友情はリアルに表現できても、二人の間の秘めたる愛のロマンスの香りが匂わない。高倉健と富司純子のように、かつて大きく咲いたことのあるスターたちだと、作り話めいてきて現実味は薄れても、ロマンスの華がふくいくと匂う。やっぱりスターっていいものだな、と思う。二人につきあう板東英二と宮本信子もいいし、日中戦争初期の世相風俗をノスタルジックに見せた美術やカメラも大いに凝っている。

「ゆずり葉の頃」二〇一五年

ゆずり葉とは、若い葉が芽をだしたあとで落ちて行く古い葉のことである。親が子を育てて老いてゆくことのたとえとして、お正月のお飾りに使われたりもする。この映画で八千草薫が演じている老いた母親がまさにそういう心境を示している。

彼女の名は市子。豊かだった婚家が戦後に没落して、復員した夫にも先立たれた。そこで彼女は、仕立て職人から和裁を習い、女手一つで苦労して、一人息子を立派に育てた。

その息子ももう結婚した。市子は老いたけれども、まだまだ息子夫婦の世話になる気はなく、余裕を持って一人暮らしをするつもりである。

ある日、彼女は、有名な画家の宮謙一郎の展覧会が軽井沢であると知って、それを見にゆく。宮謙一郎の代表作の一つである『原風景』という作品を見たいからである。その絵には林の中を駆けて行く一人の少女が描かれていて、市子はそれを画集で見ているのだが、その女の子こそ、当時、戦争で軽井沢の田舎に疎開していた自分に違いないのだ。静かな美しい林の中の泉のほとりで少年時代の彼に出会って、二言三言、絵について言葉も交わしたことは良く覚えている。密かに恋を感じていたのかもしれない。

八千草薫の老女市子は、こうして東京から軽井沢まで一枚の絵を見るために行き、その絵がなかなか展示されないまま数日滞在することになる。その間、とつぜんヨーロッパから一時帰国した息子が、これからの母の暮らしについて相談しようと追いかけてきたのに、すれ違ってなかなか会えない。また、市子は市子で、岸部一徳の演じる喫茶店の親父さんの紹介で素敵なペンションに泊まることになって、いかにも軽井沢らしい旅人との出会いを楽しんだりもする。

しかし、こうして知り合った地元の人達の親切のおかげで、市子はここに住む宮謙一郎夫妻のお宅に招待されるという幸運にめぐまれる。宮謙一郎を演じるのは仲代達矢。宮は高齢で目が見えなくなっているが、フランス人の奥様の手伝いと介護が行き届いていて本当に幸せそう。

市子は自分が『原風景』のあの少女だなんてことは一言も言わず、あくまでも一ファンというつつましい態度を崩さないが、気が合って話が弾むにつれて、何となく彼も気がついたみたい。とうとう二人でダンスまでやり、目の見えない彼が、彼女の髪や顔を手でまさぐるに至る。なんだか狂おしいまでのラブシーンとも見えて、ロマンチックである。これがこの映画のクライマックスだ。紳士淑女らしさを崩すことなく、高齢の二人が演じたこの場面は日本離れしている。その熱っぽさと品の良さ。

八千草薫は宝塚歌劇のスターから、一九五一年にスカウトされて映画界に迎えられた女優である。そのとき、映画のファンの多くが一斉に思ったのは、何という清純なきれいな新人であろうかということだった。それで彼女は、次々に役はついたが、純情可憐という役ばかりで、色気のある役はなかった。会社が東宝で「清く正しく明るく」をモットーにしていたということもあるが、それが彼女の場合は特別で、役の幅を狭めたという傾向もあったと思う。熱心なファンは確実に得たが、ブレークして大人気になるということはなかった。しかしこれほど清純に徹した女優もあまりいないので、高齢になっても着実に人気は続き、きれいで上品な女性と言えば誰でもすぐ八千草薫と考える。それはいいのだが、高齢の女優のために映画の企画を考える習慣はこれまでの日本の映画界にはあまりない。

この映画の脚本、監督、制作を一人でやっている中みね子（岡本みね子）は、夫だった故岡本喜八監督の名プロデューサーとして長年活躍してきた人である。岡本喜八の師匠が八千草薫の夫だった故谷口千吉監督であり、岡本喜八監督作品への出演が特に多かったのが仲代達矢だった。というわけで、肝胆相照らす高齢者同士の結束によるこの作品に皆が集まった。

高齢のスターたちを主役に据え、いまでは若者より高齢者世代の美徳になっているのかもしれない純情さと言う美徳をテーマに掲げたこの映画は、この家族関係と師弟関係から生まれた。今こそ高齢者が、本気で若者世代に語るべきことを語っている作品である。

まあ八千草薫の清楚な着物姿をこれだけたっぷり見ることができただけでも素敵で、ゆずり葉の頃の美を見直させる。それに、風景や音楽や美術が本当にきれい。

第五章　東アジアの恋愛映画

「早春の二月」（中国）一九六三年

揚子江下流あたりの情緒てんめんたる風情を持った、一九三〇年代の中国の田舎町を舞台にして展開される映画である（謝鉄驪《シエ・ティエリー》監督）。

主人公の青年教師（孫道臨《スン・タオリン》）が、船でその町へやってくる場面から始まる。このファースト・シーンがとても爽やかで印象的である。多分、ごみごみした上海からやってきて、すがすがしい早春二月の江南の田園情緒にうっとりしているのだろう、知的な優男の都会的な青年が、田舎の人たちでこみ合った船室から外に出て、その空気を腹いっぱい吸うようにする。その気分がストレートに見る者に伝わって、見ているこっちもすがすがしい気分になる。

青年は、この町の小学校の教師になる。そして校長の家に下宿する。校長には年頃の妹（謝芳《シエ・ファン》）がいる。田舎町だから知識層といえば彼らぐらいのものであり、夜になると同じ部屋に集まって新思想を話し合ったりして親しくなる。彼と彼女は嫌味のない近代的な美男美女同士であり、誰が見ても似合いのカップルである。当然のように二人の気持ちも接近してゆく。その進行はしかし、おちついたひかえめなもので、快くロマンチックである。

生徒のなかに、革命運動で死んだかつての青年の友人の子がいる。生活に疲れた貧しい母親（上官雲珠《シャンクワン・ユンチュー》）と二人で暮らしていて、学校へ子供を通わせるのも、じつはたいへんなのである。青年はなにかとその子の面倒をみるが、そうすると結局、その子の母親を助けてやらねばならず、親切に助けているうちに同情と憐れみがつのってくる。革命に身を挺して死んだ友人への連帯感もそこには作用しているだろう。この母親が生きる希望を失っているのを見て、青年はついに、彼女を救うためには自分が彼女と結婚しなければならないと思いつめる。しかし、校長の妹との愛はどうしたらいいのか。校長の妹は、愛と同情は違う、と彼に言う。こうして彼がためらっているうちに、未亡人は自殺してしまう。青年は、自分の優柔不断がこの悲劇を招いたと恥じて、ひとりでこの町を去ってゆく。おそらくは革命運動に身を投じる決心をしたのであろう。

ほとんど舞台のホリゾントのような感じの、いかにも美しい江南の水辺の夜景を背景に、新派のお芝居のような美男美女が、しかし現代の日本人の眼には滑稽とも見えるほど、おずおずとつつましく、しかも思春期の少年少女のような純情さで胸をときめかせて恋を語り、人生を語る。そのウブなういういしい甘さが、中国近代の青春期そのものと二重写しになっているようで、私にはたまらなく快いのであるが、人によってはそのあまりの純情さが面はゆかったり、甘すぎると思われるかもしれない。まもなく襲いかかってきた文化大革命では、この映画のこの甘さはブルジョア的人道主義だとして徹底的に叩かれ、革命前の作品では中国のマリリン・モンローとも呼ばれた上官雲珠はついに自殺した。

「さらば、わが愛　覇王別姫《はおうべつき》」（中国）一九九二年

中国映画、陳凱歌監督の「さらば、わが愛　覇王別姫」は、仕掛けの大きい、じつにハリのあるメロドラマである。メロドラマというものは波乱に富んだストーリーを必要とするが、平和な社会ではあまり波乱の人生を設定すると不自然なものになりやすい。「風と共に去りぬ」が南北戦争を、「哀愁」が第一次と第二次の大戦を背景としているように、国家の命運をかけた大きな波乱の中で主人公たちの人生も大きく左右され、そのために美男美女が容易に結ばれないというのが恋愛メロドラマのいちばんの基本になる。その点、革命、戦争、また革命的内紛と続く中国現代史はメロドラマの背景として絶好である。この映画の物語は一九二〇年代からはじまって、日中戦争と、社会主義革命と、文化大革命と、まさに動乱の時代を駆けぬける。主人公たちの運命はこの歴史の波乱に大きくほんろうされるのである。

もっとも、ただほんろうされるだけでは受け身でありすぎて感傷的な嘆き節で終わることになる。日本の戦中戦後の混乱期を扱った「君の名は」が急速に古びてしまったのは主人公である恋人たちに強い性格がなくてただ運命に流されるままだったからであるが、「風と共に去りぬ」が長い

生命を得ているのはスカーレット・オハラをはじめ主人公たちがいずれも明確な自我の持主であって、あくまでも強く生きぬこうとするからであろう。「さらば、わが愛　覇王別姫」のばあいは、京劇の立役スターによせる女形スターの愛という、あまり普通ではない愛のかたちを設定することで、世の常識に逆らっても自分の意志を通そうとする強いキャラクターを作り出している。まあ通常、同性愛というのは、もの見高い関心はひいてもメロドラマに必須の大衆的な同情はよび起こしにくいものであるが、立役と女形なので、ある意味ではそれで当たり前みたいに納得できる。

さらに作者たちは、この京劇役者たちの物語であるという条件をじつにうまく活用している。第一に、かつて京劇の俳優たちというのは極端な貧困のために親から捨てられたような少年たちを集めて奴隷を扱うような苛烈な状況で訓練されたものであるということ。これを衝撃的なまでの激しい暴露的なタッチで描くことで、陳凱歌はメロドラマにリアリズム映画としての一面を与えることに成功している。その苛烈な訓練の中で悲鳴をあげていた女形の少年程蝶衣が、彼をかばってくれた立役の少年段小樓に思いをよせるようになり、これが同性愛に発展するので、それならばと同情しやすいのである。

第二に、役者は観客やとくにひいきの旦那衆のご機嫌をとるのが仕事のうちだから、日本軍がやってきたとき、妖艶な女形になっていた蝶衣（張國栄）が日本軍の圧力と保護の下で止むを得ず日本軍の将校たちの前で芸を披露しなければならなくなるのも理解できる。それが戦後には祖国への裏切りとして指弾されることになるというあたりで、メロドラマの愛の物語が国家や正義の問題と交錯し、主題がぐっと厚味を持つことになる。堂々たる立役になった小樓が、蝶衣のよせる愛に微妙な立場をとるのも、芸と友情と人気への配慮と、さまざまな要素が交錯するからで、愛する者たちの出会いと別れの繰り返しというメロドラマの常套が不自然でない。堂々たる立役の小樓が文化大革命では紅衛兵たちにつるしあげられてみじめったらしいありさまになるが、ここにも役者なればこその憐れさがドラマにメリハリを加える。

第三に、京劇そのもののけんらん豪華さを映画の見せ場にうまく使っている。徒弟修業時代、自殺者さえ出るようなあまりの屈辱的な扱いで涙をのみながら、華麗な舞台に息をのんで耐えるありさま。さらには蝶衣と小樓が名コンビとして繰り返し演じて当たり役となる京劇の演目「覇王別姫」の虞美人の悲恋物語が蝶衣の心理に重なっていって、果たせぬ愛ゆえの最後の壮烈な彼（彼女）の死が、見事にお芝居がかったものとして完成する。見事にお芝居がかったクライマックスを持つことがメロドラマに欠かせない条件だが、万事シラケのいまどき、芝居がかった大芝居を不自然なく成り立たせることなど容易なことではない。

こうしてこの映画は、メロドラマに必要な条件を殆ど完璧にそなえているが、それでいて鮮やかにメロドラマの低俗を超えている。それは、国家だって革命だって、愛の物語の背景として輝いてはじめて意味が生じるんじゃないか、と言わんばかりに、人間と人間の出会いと結びつきの官能的な面を謳いあげることに成功しているからである。

「oasis　オアシス」（韓国）二〇〇二年

究極の純愛ものと言いたいような作品が現れた。ただしこれは徹底した辛口の厳しい内容の映画である。脚本監督のイ・チャンドンは韓国でもいまもっとも質の高い社会派的な作品をつくりつづけている人で、この作品でヴェネチア国際映画祭の監督賞を受賞した。

主人公は刑務所から出てきたばかりの前科三犯の若い男ジョンドゥ（ソル・ギョング）と、重度の脳性麻痺でなにをするにも困難をきわめる若い女コンジュ（ムン・ソリ）である。男の前科には強姦未遂というような不名誉きわまる行状が含まれているし、ふだんはあまり兇暴性はなくてむしろお人好しすぎるところさえあるが、およそ社会性がなく、やっていいことと悪いことの判断ができなくて、家族の厄介者であり、見たところ、何かの発達障害者だと思われる。女は兄夫婦の保護の下で体の障害の苦難に耐えて生きているが、毎日ただアパートの一室にとじこもっているだけで、緊張すると喋ることもできなくなる。その部屋には子象と子どもの描かれたオアシスの絵の壁掛けがあって、それだけが外の世界への彼女の想像力の通路になっているようであるが、その壁掛けの上に窓の外の木の枝の影が映るのが不安でたまらないという。

この映画はこの二人の純愛物語なのである。というと、いかにもありそうにない、わざとらしい作り話だと思われるかもしれない。じっさい理屈ではそう思う。しかし見ているうちは監督の細部のリアリティに富んだ力強い描写と、二人の俳優の役柄に没入したような熱演に圧倒されて、そう、これこそが本当の愛というものだと納得させられてしまうのである。

男は彼女をかわいいと思う。しかし彼はその気持ちをレイプ未遂という低劣な行動でしか表明できない。しかしかわいいと思った気持ちに嘘はなく、彼女が気持ちを受け容れてくれるともう、セックスぬきで彼女の世話をやき、外に連れ出して彼女を楽しませる。そこで彼女も愛がたかぶって、こんどは進んで彼を受け容れたときに彼女の家族に発見されて、レイプ魔として逮捕される。昂奮した彼女は口が利けなくなって彼のために弁明できなくなってしまうし、彼も弁解もしない。

さて、そこで、なんというあわれな恋人たちであることか、というふうにして終りになるのならまだこの映画は常識的ということになるのだが、そうではない。男は言いわけひとつ言わないで捕まり、留置所から抜け出して彼女のアパートの前にかけつけ、彼女が壁掛けに枝の影が映るのが嫌だと言っていたその木の枝をせっせと切り落す。彼女はまたそれを言葉では言えないままラジオの音量を最大にして歓喜を表現する。周囲の人々には全く理解できなくても本人同士にはこれがすごい愛の表現であることが映画を見ている観客には分かるし、これこそ究極の純愛ではあるまいか、本当の愛は他人になど分からなくてけっこうという気さえしてくるのである。

第六章　恋愛に厳しいイスラムの国々で

パキスタン映画「神に誓って」の場合

二〇一五年二月の十七日から三月の十五日まで、東京国立近代美術館フィルムセンターでは「現代アジア映画の作家たち　福岡市総合図書館コレクションより」という特集を組んで、二十四本の作品を上映した。二、三の作品を除けばいずれも日本では映画館での上映はされていないものであるが、アジア映画を代表するに足るすぐれた映画であり、それが福岡市総合図書館のフィルム・アーカイブに保存されている意義は大きい。

じつは、私は一九九〇年から二〇〇六年まで福岡市の依頼でアジアフォーカス・福岡映画祭と呼ばれている催しのディレクターをしていた。

これらの作品は、当時、さらには私が引退してからこの映画祭で上映された作品の一部であり、製作者に金を払って、プリントを保存する権利を買ったものである。

アジアにはフィルムの保存に必要な装置を完備したアーカイブがまだない国も少なくないから、アジア映画の名作を後世に残すべく丁寧に保存するのに役立ちたいという願いもこめて福岡市がやったことだった。

かつて私はアジアの映画に好意的な外国の映画祭に出かけて行って、そこで知られざる国々から来ている批評家やジャーナリスト、有力な映画人などと知り合いになって、その国の映画の情報を得、その国の映画界の製作者協会とか文化省の映画局といった組織に紹介してもらって訪ねて行って何本か重要な作品をまとめて見せてもらった。そうした手続きをふまないと容易に良い作品を見つけることはできない。東アジア、南アジアの多くの国々はだいたいそういう道すじをたどって作品を選ぶことができた。

というわけで、フィルムセンターでの福岡市総合図書館所蔵作品の上映会で私がいちばん注目したのは、私がディレクターを引退したあとで選ばれた二本のパキスタンの作品だった。

じつは監督のショエーブ・マンスールには以前に会ったことがある。この国の芸能界では有力者なのだが、その作品はこの国の女性差別を痛烈に批判したもので、その差別がイスラム原理主義にもとづくものとして批判的に描かれているため、原理主義者たちから反発されてたいへんだと聞いて、機会があって会ったのである。

じっさいそうで、パレスチナでも原理主義の強い地方では上映できないし、身の危険もあるということだった。

その作品「神に誓って」は、アメリカとパキスタンと、二つの国を交互に舞台として物語が展開される。ヒロインは英国籍のパキスタン人で、アメリカの大学で学んでいる。パキスタン人で彼女と結婚したいと思っている青年がいるが、彼女にその気はなく、アメリカ人と交際している。そのことを知ったパキスタン人の青年の父親は、彼女をだまして帰国させ、誘拐して都会を遠く離れた田舎の農家にとじこめる。そして力づくで青年の嫁にさせようとする。この父親は宗教的な有力者で、本来イスラム教徒であるはずの彼女が勝手にキリスト教徒と結婚することは許せず、誘拐してでも、そんな女をイスラム社会にとりもどすことを正義と信じてやっているらしい。有力者らしいこの老人はヒロインの父親もそれで強引に従わせている。しかしヒロインはこの田舎の牢のような家の中で必死に抵抗し、そこをなんとか逃げ出して都会の親のところに救いを求めてきて、自分が暴力で結婚を強いられようとしていることについて、裁判に訴える。それにはなにより有力な弁護人が必要だというので、世間から尊敬されているイスラム法学者に頼みにゆく。しかしその法学者はひたすら瞑想にふけっているばかりで俗人を相手になどしていられない様子である。

ヒロインはそこで、宗教者というのはただお祈りするだけで困っている民衆のためにはなにもしてくれないのか、といった文句を言って帰る。するとそれが利いたのか、法学者は弁護を引き受ける。そして法廷にやってきて、イスラムの信仰をふりまわしさえすればどんな勝手も通るような調子でいる青年の父親の理屈をやっつけてくれる。その弁論がこの映画のいちばん面白いところである。

イスラム法とはわれわれの知っている各種の法律のように罪と罰が箇条書きになっている文書ではない。神の言葉と信じられているコーランや聖者の言葉の記録によって人の行動を判断するものであるが、なにしろコーランは千年以上も昔のものだから、現代の人間の行動にはうまく当てはまらないことが多い。しかしそこを、上手く解釈するのが法学者の任務である。そうなると、コーランや聖人たちの言葉に精通して、巧みにそれを応用できる者が論争を有利に導くことができる。

この映画の裁判でも、信仰の名のもとに勝手な主張をする親子を、法学者はいちいちコーランや聖者の言葉を引用して、その意味はこうだと解説しながらやっつける。その引用のもとの意味を知らないわれわれとしては、その弁論の面白さにことごとく感心して、溜飲を下げる。

そういう意味で面白いのであるが、これだともっとコーランなどの細部にまで通じていて都合よく引用して別な解釈に導ける論客が相手側にいたらどうなるのだろうか、などという疑問も生じる。

まあイスラム社会はこれでやってきたのだから半可通の知識で批判すべきではないが、もっと納得できるところまでくわしく知りたいところである。なんと言ってもわれわれは好むと好まざるとにかかわらず彼らとつきあってゆかなければならないのだから。

その意味でこの映画は、われわれとは違う彼らのものの考え方の一端を見せてくれたものとして非常に面白いのである。違う点が分かってはじめて議論にもなる。

まあ、コーランを引用できないと彼らと道徳や倫理を論じることもできないということになるのも困るが、そういう彼らの思考方法を無視するわけにもゆかない。

以上はこの映画の半分である。もう半分はコーランを知らない者でも正否の判断はできる。

ヒロインの仲間のひとりでアメリカに残っているパキスタン人の男の話である。ニューヨーク貿易ビルのテロのあと、このパキスタン人の男はなんの証拠もなくＣＩＡかなにかに逮捕される。そして毎日毎日、「ウサマ・ビン・ラーディンを好きだ」と書け、と拷問される。男はあくまでも抵抗し、ついに彼を釈放しろというリベラルな人たちのデモが起こって彼は助かる。

これはいくらなんでもアメリカのやり方が無茶だと思うエピソードであるが、これに近いことはあったかもしれない。ただあまりに単純なアメリカ批判なので説得力があるとも思えないが、こういうアメリカ批判を全体の半分として加えないと、この映画は一方的にイスラム原理主義者を批判するだけの作品としてパキスタンの社会では受け容れられ難かったのかもしれない。多分、どっちもどっち、というかたちにする必要があったのであろう。

もちろんショーエブ・マンスール監督としては自分の支持者が相当に多いと信じていたからこそ、イスラム原理主義批判の主張をはっきり持ったこの作品が作れたわけなのであろう。

イスラム社会ではそういうことは不可能なのではないかという気さえするだけに、われわれにとって殆ど未知のパキスタン映画界からこういう作品が現れたことは新鮮な驚きなのである。

これが監督第一作だというマンスールは、続く第二作「ＢＯＬ～声をあげる～」でもパキスタン社会におけるイスラム的な女性差別批判をテーマにしている。

主人公は初老の男で、七人もいる子どもがみんな女であるために苦労しているのである。女は働ける仕事が限られているし、結婚にも持参金が必要で、もういくら働いても金が足りないのでお手あげなのである。それで娘のひとりは男装して働きに行くが、女と見破られないための努力がたいへんである。子どもが女で儲かるのはお色気系の仕事だ。キャバレーみたいなところもある。その経営者は主人公には女性に女の子を妊娠させる特別な能力があるのだと思い込んで女をあてがわせるが、生まれてきた赤ん坊が男の子だったのでお払い箱になる。まあ、あまり良質とは言えなくても、イスラム社会の弱点として女性差別の問題をとりあげて批判しているところは注目に価する。

この映画に出てくるささやかなキャバレーみたいなところでは、踊り子たちがごくごく初歩のベリーダンスみたいなものを踊って見せる。主人公を女の子を妊娠させる特別な能力の持主だと思い込んで雇った人物の経営している店らしい。あれほど女の子をほしがっているところをみると相当に盛大にエロ事業をやっているのではないかと思うが、その実態をあからさまに描くことは検閲が許さないからその入口だけをチラッと見せたという感じである。エジプト映画やトルコ映画ではもっとちゃんとしたベリーダンスを見たことがあるが、パキスタンの検閲が特別に厳しいのかどうかは分からない。監督としては女性差別批判がテーマなので、ここで特にお色気自体を追求するつもりはなかったとも考えられる。ただ、これがこの国での性的表現の限界だとすると、自由諸国、とくに今日のアメリカ映画などにおける性と暴力の氾濫は敬虔なるイスラム教徒たちには正気の沙汰でない地獄図と見えるかもしれない。

ある時期、アメリカ映画は世界の共通文化であった。世界のどこの国の人が見ても面白いし、有益だった。だからこそ、社会主義国はアメリカ映画の輸入を制限しないわけにはゆかなかった。社会主義こそが自由主義よりすぐれたものだと主張する国々にとっては、ではなぜアメリカ映画のほうが楽しいのか、説明がつかなかったからである。しかしいま、暴力や、あまり健全とは思えない性の扱い方や、絶望的な破壊衝動などが支配的なアメリカ映画では、アメリカこそは世界の希望だというイメージは薄れて、むしろアメリカは世界の絶望をこそ背負っているという印象が強い。

私がやっと見ることができたパキスタン映画は、映画そのものとしての水準は高くはない。素朴なものである。しかしここには、イスラム社会のありかたについてのまじめな自己批判があり、素朴な語り口ながらも命がけでその誤りを正そうとする勇気がある。この勇気ある行動にこそ希望があり、未来があると思う。かつては、われわれはアメリカ映画に希望を見、未来を見たものであるが、いまはどうか。

世界を結ぶ文化があるとすればそれは映画だと私は考えるのであるが、世界は希望によってこそ結ばれるのである。ショエーブ・マンスールのパキスタン映画には素朴だが世界を結ぶ希望の芽のようなものがある。これに呼応するような希望の芽をアメリカ映画も取りもどさなければならないし、日本映画もそれを摑んだときに改めて世界の先頭に立てるだろう。

イラン映画に、かつてイラン革命以前に熱烈なアメリカ映画ファンだった男の登場する作品があって、イラン人がアメリカ嫌いなどでは決してないことがよく分かるのだが、イランがイスラム原理主義の国になってからはアメリカ映画は滅多に上映されない。べつにアメリカ映画が禁止されているわけではないのだが、イスラム指導省という道徳指導の任務を持つ役所が検閲するようになったら、その検閲を無事通過できる作品が滅多になくなったみたい。

　まあアメリカ映画がみんな性や暴力であふれているわけではないから、イスラム的な見地から見ても健全な作品だけでアメリカ映画の人気を保つことはできるのではないかと私などは思う。もう何十年もアメリカ映画ファンだったイラン人たちがアメリカ映画に飢えていることは確かで、おかげでそのかわりとして日本映画のとくに黒澤明作品などが一時期イランに進出できたりした。

　イスラム社会で女性差別批判映画がしばしば作られる国としてはすでにイランがあって、必ずしも珍しいわけではない。イランでは映画としてもかなり高い水準の女性差別批判映画があり、それらは日本の映画館での上映にまではなかなかゆかなくてもアジアフォーカス・福岡映画祭ではよく上映されてきた。

　イスラム社会で作られた映画を私はかなり見てきたが、イスラム教の教義や儀式を批判した作品は見たことがない。これはまあ、キリスト教社会でキリスト教の教義や儀礼を否定した映画を見た記憶がなく、仏教社会で仏教の教義や儀礼を批判した映画を見た記憶が容易に思い浮かばないのと同じである。ただ社会主義国にはかつてその国で大きな影響力を持っていた宗教を批判した映画はよく作られた。

　せっかく映画という国際理解に最適の文化的手段を持っているのだから、いまこそ世界は弱小国の知られざる歴史などを学んで、とかく大国本位に考えられやすい世界の理解を進歩させると良いのだが、なかなかそうはゆかないのだ。

旧ソビエトには少数民族の自治区がたくさんあり、その多くはイスラムの信仰を保っていた。ソビエト体制は基本的に反宗教だが、それらの多くの自治区では宗教弾圧を徹底することは無理で、イスラムの信仰は維持された。しかし七十年に及ぶ社会主義教育の下では中東諸国のような強固な信仰は維持できたかどうか。これらの国々の映画にそうした変化は描かれているかどうか。興味深い問題だと思う。

イスラムの映画との対話

第十五回アジアフォーカス・福岡映画祭二〇〇五が二〇〇五年に福岡市で行われた。私がゼネラル・ディレクター、妻の佐藤久子がコーディネーターをつとめて二人で上映する全作品を選んでいるので、自画自賛になるけれども内容の充実した良い映画祭がやれたと思う。近年、アジアの映画は日本でもかなり上映されるようになった。しかし、映画館にかかるのは韓国や中国、香港、台湾などに偏っており、他の広大な世界はまだ映画祭でしか見られない。韓流ブームによって、かつて最悪だった日韓両国の国民感情の関係が一気に改善されたように思われることなど、嬉しい限りであるが、われわれが知るべき世界は他にもたくさんある。たとえば中近東の諸国である。

いま、われわれは中近東の国々に対して、どういう態度をとったらいいのかということを深刻に問われている。

かつてのムラ社会ではみんなが互いに多少なりとも気心を知っていた。いまの世界ではそうはゆかない。国籍を異にし、宗教や階級を異にし、利害が錯綜している世界中の人々と、なにがしかにしろ気心の知れた間柄をつくり出し、それを大切にはぐくむという気風を持たなければならない。

それはとても難しいことであるが、せめてもそれができるのは映画だ、というのが私の映画批評家としての基本的な立場である。だから私はまだ知らない国、気心の知れない人々の国の映画を探して見ることに、たんなる好奇心を超えた熱意を持っている。さしあたり、とくに気心を知る必要があるのはイラクをはじめとする中近東の国の人々である。

そんなわけでここ数年、アジアフォーカス・福岡映画祭では中近東諸国の映画を探すことに力をこめた。イラン映画はもう、一九七〇年代の半ばからテヘランの映画祭に招待されてその存在を知り、ファラビ・シネマ・ファウンデーションという半官半民の映画産業支援機関があって、そこに連絡して訪ねてゆけば映画も見せてもらえるし映画祭への作品提供も斡旋してもらえることが分かっていたので、今日までに数百本の作品を見て、そのうち重要と思われる数十本を福岡で上映している。

トルコにはまだ直接行ったことはないが、監督やプロデューサーに自作を外国の映画祭に出品することに熱心な人が何人かいて、われわれの映画祭のことを噂で聞いて、また近年ではインターネットで知って、作品をテープで送ってくる。その中にあっと驚くような傑作、力作がしばしばあるので、それを上映し、監督などを上映のときに招待すると、上映のあとの観客とのディスカッションなどでだいたい非常に温かい良い反応を受けるので、気を良くして翌年には仲間の作品を紹介してくれたりする。そんなわけで正に気心の知れたネットワークが自然に形成されて、それこそ以心伝心で、ほぼこちらがほしいと思うような作品が集まるようになっている。映画として水準以上であって、その国の社会状況が分かり、その国の人々に観客が親愛の気持ちを持てるようになるもの、というのがこちらの選びたい理想である。その点で本数は多くないがトルコ映画を集めることはほぼ理想的にやってこれたと自負している。

さすがインドの映画祭ではインドの近隣諸国の映画はよく上映している。先年ゴアで行われたインド映画祭では殆ど未知のシリアの映画が上映されていて、これは意外な収穫だった。映画祭のカタログには通常、そのフィルムの配給権の持ち主の連絡先が記されているのであるが、見るとそれは政府機関である。どうやらこの国では政府が映画の製作配給を行っているらしいことが分かる。ということは反政府的、反体制的な映画はこの国にはなさそうだということである。事実、この「夢と現実の日々」(二〇〇二)という作品は、一九八二年のイスラエル軍のレバノン侵攻を背景にして、このイスラエル軍と戦うために義勇軍に志願しようとするシリア人の若い女性をヒロインとしている。その意味ではイスラエルと敵対するこの国の国策に沿った映画である。

反イスラエルがアラブ諸国の大義であることは承知しているが、それだけを国策的に強調している映画だったら私としてはあまり選ぶ気はしない。私が気に入ったのは、これがただそれだけの範囲におさまる内容の作品ではなかったからである。愛国とアラブの大義も描かれてはいるが、それ以上に力をこめて描かれているのはこの国における男性の横暴に対する批判である。

都会の下町に住むある中流家庭の一家の物語であるが、なにしろ父親がいばっている。娘が自分の知らない男と町で一緒に歩いていたというだけで娘を殴る。それでいて自分は近所の娼婦めいた女にさそわれるとデレデレついていって、やっている。監督はワーハ・アル＝ラーヒブという女性だが、彼女はこの父親を特別なハレンチ漢として描いているわけではないようで、それはイスラエルの侵攻に対するこの父親の怒りや、当時アラブ諸国のリーダーだったエジプトのナセル大統領に寄せる敬愛ぶりなどで分かる。ただ、普通の男でもこんなことはありがちだと言いたいのであろう。娘はこの父親に反抗して、イスラエルへの抵抗をアピールする映画を作ろうとしているらしい青年に共鳴し、さらに自分自身、志願して戦場に行こうとする。

この映画を福岡の映画祭で上映したあとの観客とのトークが面白かった。監督がまず、わが国には古いものと新しいものとの矛盾があり、自分は新しいものの立場から古いものを批判しようとしているのだ――という趣旨で元気よく一席ぶった。うーん、と感心して聞いていた観客のひとりが、「あなたの国には宗教の古い壁とそれを越えようとする新しい動きとがあるということですが……」と質問をはじめようとすると、監督はすぐに反問した。「古いものというのは宗教のことではありません、男性優位思想のことです……」と。質問者はさらに、「その男性優位思想というのは宗教を土台にしているものではないのですか……」と言いかけたが、監督の見幕に気押された感じで言い方を変え、この問答は不得要領なものになった。だがしかし、このトークは失敗だったかといえばそんなことはない。むしろ大成功である。こんな問答を引き出せただけでもこの映画を福岡で上映して良かったと思うくらいである。

すでに福岡で上映したイラン映画で「スニーカーの少女」という作品がある。ある少女が公園で同年輩の青年とちょっと立ち話をしたというだけで民警に補導され、父親が呼び出されて引き渡される。すると父親もかんかんに怒って娘を病院に連れて行き、処女性が失われていないかどうか検査させる、というのがストーリーの発端で、純真な少女はショックを受けて、一日、家をとび出してテヘランの街をさまよい、さまざまな経験をするという内容の、まあ青春映画と言っていいものである。イランでは大ヒットした作品であるのだが、そのヒットの土台には、もっと若者たちを信じていいのにイスラムの信仰を押しつけたがる現政府がまじめな男女交際まで圧迫しすぎている、という若い知的な層の宗教政治体制に対する不満があることは明らかである。

福岡の観客は、その出だし自体、信じ難い設定だったようで、ちょっと、きょとんとしている感じだったが、私などには身につまされる話である。じつは太平洋戦争当時は日本でも似たような状態だったのだ。夜、暗いところで男と女がランデブーしていると警察に補導されて説諭されるのは当たり前のことだった。暗い所だから怪しいというのだが、そもそも恋愛そのものが後ろ暗い行為のように見られていた当時としては、恋人同士は明るいところになど一緒に顔をさらすこともできなかったのである。当時の悪ガキたちは、海辺の松林などにこっそり行く男女をつけていって彼らが警察に補導されるのを確認して面白がっていた。道徳主義的強権体制が恋人たちにどんな無残な迫害をもたらすかをこうして私などは知っているので、「スニーカーの少女」は他人事ではない。

私はイランにはかれこれ二十回近く行き、敬虔なイスラム教徒の友人も多くて彼らに親しみを感じている。昔イスラム社会に接触がなかった頃の私は、なんとなくイスラムに違和感を抱いていたが、いまはそんなことはないと言える。ただ「スニーカーの少女」が批判的に描き出したように、いまのイランにも戦争中の日本に近い女性差別的な傾向がある。ただ、それを批判的に告発的に描く自由はこの国にはまだあって、そこにかつての日本とは違う希望がある。他にももっと激しいタッチでこの国における女性の人権問題を告発している力作が何本もある。日本の映画館で上映されるイラン映画というと、純真な子どもたちを頬笑ましいタッチで描いた心温まる映画ばかりであるのだが、イランで人々の心をゆさぶっているのは男性の横暴を告発し、女性の人権を擁護しようとしているような一連の社会派の問題作なのだ。女だけの刑務所を描いた映画があって、そこでは不倫で死刑になる女囚が同情的に描かれていた。この映画を作ったのは女性監督で、映画祭ではゲストとして招待した。少々つっぱり気味とも見えなくはない女丈夫であった。そのとき他に、敬虔なイスラム教徒として知られる監督も作品と一緒に招待されていて、私が一夜、両方を一緒にディナーに招いたら、敬虔な信者のほうの監督は、あんなに国の恥をさらすような女性とは同席したくない、と言った。仕方がないから両方を別々に二度ディナーの会をしなければならなかった。

面白おかしい裏話としてこんなエピソードを記しているわけではない。信仰立国のこの国にして、その政教一致体制にかかわる思想的対立が映画作家たちの間でも表には現れない秘かなかたちであることを私はそこに感じたのである。映画は思想的闘争を平和的な方法で行うものとして大衆に開かれたかたちでここにある。

福岡ではそういう映画がすでに何本も上映されている。「夢と現実の日々」を見て監督に、そこにやはり批判的に描かれている女性差別的な傾向を宗教に根ざすものと理解して質問した人など、決して根拠なしにそう言ったわけではない。が、しかし、女性の監督が、否定されるべき古いものとは宗教のことではない、否定されるべき男性優位思想はそれとは別のものなのだ、と反論した言葉には格別な迫力があった。そう言われてみれば、キリスト教だって、ユダヤ教だって、儒教だって、仏教だって、たいていの有力な宗教はもともとその根のところには女性差別がある。イスラエルのアモス・ギタイ監督の「カドッシュ」では、現代のイスラエルのユダヤ教のやはり原理主義者とでも呼ぶべきグループの一家族の夫婦関係が描かれていたが、そこでの男尊女卑ぶりもすさまじいものであった。ただ、いまの普通のユダヤ人たちが一般に男尊女卑だとは言えないし、キリスト教も儒教も仏教も、宗教を否定することなく女性差別を克服すべく努力と修正を重ねてきた。

われわれ日本人は、宗教を形骸化しながら近代化を進めてきたから、シリアの映画人が古い父権性の克服ということを主張すると、それをイスラムの信仰にもとづく父権性と解釈して、宗教の保守性、と言い換えて質問する人がいてもごく自然である。じつはシリアにだってその両方を一緒にして考える人は少なくないはずだと思う。しかし監督にすればその両方を混同されては困るのであった。私ははじめ彼女は公の場で宗教批判に同意したとなると立場上困るからなのか、と一瞬思った。イランの女性の映画人の場合、日本へ来てもベールをとるのをしばらくためらう場合がある。日本にはイラン人がたくさんいるから、そういう戒律破りを本国に密告されないでもないという警戒心が働くということもあり得るからである。しかし宗教と父権制を混同しては困るという彼女の口調はもっと自信に充ちていた。観客の質問から、あなた方は宗教を改革せずに父権絶体の前近代性を克服できないはずだ、という暗黙の理解を読みとり、それに反発したのかもしれない。その理解は先進工業化社会一般に広く存在するので、たまたま映画を見たあとの話し合いという、まじめだが比較的軽いディスカッションだから表面に出やすかったのだと思う。しかしそこで明らかになったのは、もっと深刻で重大な思想的な問題だった。信仰をアイデンティティとして人間形成をした者に対して、信仰を否定しなければ男女平等というような近代化は達成できないのではないか、というようなことを、そう軽々しく言ってほしくない。信仰を大事にしながら近代化する道だってあるのだ、と言いたいのであろう。

じっさい、イスラムといってもさまざまである。トルコのようにいち早く政教分離で近代化を図った国もあり、いま政教一致で国民に戒律を強制しているイランも、一九七九年のイスラム革命以前の王制時代にはベールの強制はおろかミニスカートもOKでアメリカナイズが進んでいた。当時のそういう風俗を映している映画はいまは公開されていない。

映画祭も半ばの一夜、妻と私の主催でゲストたちを招いて夕食会を開いたが、後半、奮い立ってゲストたちがこもごも歌ったり踊ったりをはじめると、やおらパレスチナ難民キャンプで育ったという女性が立ち上がって、多くのゲストたちの踊りに加わった。品格の高い、しかし見事にセクシーなダンスで場内を圧倒する色香がただよった。イランではイスラム革命以後、女性が公衆の面前で歌って踊ることは禁止されている。まあ、私的な宴会などではどうなのか、ということまでは私にはなんとも言えないが、イスラム世界といっても、映画すら作られないサウジアラビアと、映画に撮られているかぎり全ての女性はベールを被っていなければならないイランと、そんなことはおかまいなしのインドネシアと、じつに多様だ。以前、インドネシアの友人が、「俺たちのイスラムなんて日本人の仏教と似たようなものだよ」と上手いことを言った。つまりはそれほどいいかげんなものだということである。しかしそのインドネシアにもいま、イスラム過激派が現れて資本主義国からの観光客にテロを仕掛けてくる。信仰の復活というよりもこれは、持てる者の横暴に対する持たざる者の自尊心の拠《よりどころ》として信仰が見直されている、ということなのかもしれないが。

以上はシリア映画「夢と現実の日々」の上映後のゲストと観客のちょっとした話のやりとりのスレ違い気味の部分から私の頭に浮かんだことである。このやりとりを私は司会者としてつぎのように結んだ。

「いまアメリカのブッシュ大統領はアラブ世界を力づくで民主化してみせると言っていますが、そんな無茶はしなくても、ここにいらっしゃるような元気のいい女性たちが内側から民主化を進めてくださることでしょう」

この結びが良かったとあとで言ってくださった観客もいたりして、好評だったようなのだが、はたしてどうか。少しまだ、先進国的な思い上がりというものが含まれていたかもしれない。ただ、こんなやりとりひとつでも、シリア対日本という、互いに気心の知れない相手の間で少しでも気心が分かり合えるきっかけになったのではないかと思って、私は嬉しい思いをした。気心が知れるということは他でもない。相手の自尊心のありかのカンどころを感得するということである。それが分かって互いにそれを尊重できれば人間関係も国際関係も上手くゆくのではないか。

中央アジアのウズベキスタン映画で「男が踊るとき」という作品はとても可愛い民俗的な香りに充ちた映画だった。中央アジア諸国の映画をどうして入手できたかといえば、かつてカザフスタンの日本大使館に駐在していた自衛隊の人がいて、この人が中央アジアの国々の映画人たちと親しく、ときにはプロデューサーをつとめてその作品を日本に紹介したりしていて、そんな関係をつうじて知り合って中央アジア諸国の作品をビデオで見せてもらっていたのである。ウズベキスタンではユスフ・ラジコフという監督がとくにすぐれていることを知ってその「演説者」（一九九九）という作品を二〇〇二年に福岡で上映している。これはロシア革命のときにソビエトに統合されたこのウズベクで、イスラム教がどんなに激しく弾圧されたかを、ひとりの男の年代記として描いたものだった。その男はべつに好色漢でも金持でもないが、亡くなった兄の未亡人とか、気の毒な境遇の女性のめんどうを見ないわけにはゆかない事情があって、イスラムの教義で許された三人の妻を持ち、コーランの教えどおりに三人を公平に愛するようにつとめて平穏無事な家庭を築いてきたのだが、社会主義社会ではこれがイデオロギー的に排斥され、これを極力維持するのに苦心惨憺するという物語だった。とはいえ、この映画は必ずしもイスラムの復権を主張しているわけでもないようなところが微妙である。三人の妻のひとりがモスクワに派遣されて研修を受けてコチコチの共産主義者になって帰ってきて夫を見捨てたり、逆に男は上司の共産主義思想の指導者の女性に言い寄られたりで、主義も信仰も入り乱れて次第にゴチャゴチャになってゆくというあたりが、単なる宗教弾圧ものと違うこの映画の面白さである。じっさい中央アジア諸国はイスラム教徒が多いとは言っても七十年に及ぶ社会主義体制下でその信仰は相当に変質したのかもしれない。

この年上映した「男が踊るとき」も同じラジコフの作品で、この国の田舎のイスラム教徒たちの村の生活を頬笑ましく抒情的かつ喜劇的に描いている。幼い男の子が割礼を受けることになって家の軒下のようなところに横に寝せられて怖がっていると、彼を元気づけてやるために近所の大人たちが十人以上も一緒に脇に横たわってあげる。男の子は隣りの家の女の子にも一緒に脇に横になってくれと頼む。みんながその申し出にびっくりしていると、少し年上のその隣りの少女が堂々と脇に横になってやり、無事に男の子の割礼が終わる。それ以来、村人たちはみんな、いずれこの二人は夫婦になるだろうと期待の目で見守ることになる、という、民話みたいなロマンスである。

二人は大人になってからもランデブーをするのにいちいち見合いの形式をとり、近所の人の目をさけるという意味で形式上ハンカチで顔をかくすというポーズをとって見合いの場所に出入りする。純粋なイスラム社会における男女交際がどんなに制限されたものであるかが分かるが、これはとてもユーモラスで、前述したイランの「スニーカーの少女」のような抵抗精神あふるる表現とは大きく違っている。

サウジアラビアの「少女は自転車にのって」

私の知るかぎり、サウジアラビアではこれまで映画が上映されたことは殆どない。外国人がこの国で撮ることはあるし、この国の人が外国でこの国の話として撮った映画が外国でだけ上映されたこともある。しかしこの国の人たちがこの国で作った映画が、この国で上映されたということは私は聞いたことがない。なにしろ映画館の存在が禁止されているのだから。貧しい国だからではない。石油のおかげで大金持がたくさんいる国だ。しかしもっともイスラム教の信仰の厳しい国として、映画は享楽を良しとする反宗教なものだと否定的に扱われてきたらしい。

しかし、時代の大きな流れとして、いつまでも映画を否定しきれるはずはない。イスラム圏でもすでにエジプトとイランは世界でも有数の映画国である。いちばん強固なイスラム国であるサウジアラビアで映画が作られるようになるとき、それはどんな作品になるのだろうと、以前からずっと期待していたのである。しかし、こんなにも真向うから、この国の信仰の女性差別的なあり方を批判した映画がいきなり現れるとは。しかもそれが映画的にもじつに鮮烈なみずみずしい作品であるとは。これには本当に驚いた。

ことわっておくが、これは決してイスラム教そのものを批判した映画ではない。そんなことはこの国では決して許されない。ただ、イスラム教のなかには女性差別的に解釈できるところがいろいろある。そんなことはキリスト教にも仏教にもあるのだが、近代化の過程で少しずつ修正された。ところがイスラム教ではその部分が文字どおり教条的に規則化されて女性を束縛している。それに対していま、イスラム教徒自体の中からも批判が生じていると思う。すでにイラン映画にはそういう作品が現れているし、アフガニスタンの映画にもある。それがイスラム信仰の中心とも言えるサウジアラビアから現れるとは。

主人公は十歳の少女ワジダである。裕福な子だけが行くところらしい少人数の私立女子校に学んでいて、そこの校長は素敵な理知的な美人である。ただし彼女の道徳教育はイスラムの教義に則して厳しい。この校長には最近、家に泥棒が入ったという噂があるのだが、それは本当は愛人の男がしのび込んだということのごまかしなんだ、と解釈するくらいワジダはマセている。

ワジダは仲良しの男の子が自転車を得意そうに乗り回しているのがうらやましく、この男の子の挑戦に応じて自分も自転車を買って競争しようと決心する。そんな競争のためには親は金を出してはくれないから、その金は自分で工面しなければならない。そこでまず、同級生のお兄ちゃん、お姉ちゃんのラブレター交換の使い走りで稼ごうと試みるが、とてもそれでは足りない。そこで考えたのは学校でやるコーランの暗唱のコンクールに出ること。ふだんはコーランの勉強などは敬遠している様子なのだが、なにしろ賞金の額が大きいので猛勉強して見事優勝する。そこで校長先生から、「その賞金は何に使いますか」と聞かれて、「自転車を買います」と答えると、「女の子がそんな危険なものはいけません。パレスチナに寄附しなさい」と命令される。

ここで少女が「校長先生の家の泥棒の話と同じね」と、その偽善を痛烈に皮肉る。しかし最後には彼女を理解している大人が自転車を買ってくれたので、颯爽と男の子と競争して終りになる。

この国ではイスラムの教えは絶対であるはずなのだが、少女ワジダは大人たちがうわべだけその教義に従っているフリをして実際にはそれをうまくごまかしていることを知っている。しかも、だから教義に従えというのではなく、もっと正直にやりたいことをやろうとするのだ。大人から見ればもう立派な不良少女である。が、しかしこの少女には不良らしい不貞腐れたところが全くなく、むしろ素直だと言いたいほどのびのびしている。あるいは監督のハイファァ・アル＝マンスール自身がこんな少女だったのか。またはこんな少女でありたかったのか。サウジアラビアの実情を知らない私には、ワジダのリアリティの有無は論じることができないが、確実に言えることは、この国にもいまや、公然とか秘かにか、こういう少女に共感する大人や少女たちが相当にいるであろうということである。そのふえ方次第ではこの国は変わるだろうし、この国の変化は他のイスラム国にも影響するだろう。それは世界の情勢にもかかわることだ。

が、問題は、日本でも公開されたこんな素敵な映画がサウジアラビアで一般公開できるのかどうかということである。なにしろ映画館がないのだから。

アフガニスタンの映画

二〇〇三年のアフガニスタンと日本の合作の「アフガン零年（ＯＳＡＭＡ）」がある。私は長年アジアの映画を探して見てきたが、アフガニスタン映画を見る機会はこれまで殆どなかった。ただ、かつてソビエト軍がこの国に進駐していた頃にソビエト寄りの立場で作られたと思われる内戦を扱った映画を一本だけモスクワ映画祭で見た記憶があるだけである。そのごタリバン政権時代には映画はイスラム原理主義からすると享楽的で許せないものだったらしく製作も上映も禁じられていた。タリバンが崩壊したあと、その時代を生きのびた映画人たちが、ＮＨＫの資金協力を得て作ったのがこの作品である。脚本監督のセディク・バルマクはモスクワ映画大学出身で、タリバン時代には難民としてパキスタンに逃れたこともあるという。

タリバン支配下のアフガニスタンの都市の物語である。イスラム原理主義によって女性は家の外で働くことを禁じられ、困った女たちが止むに止まれず仕事を求める要求をかかげてデモをすると一斉逮捕される。母と暮らしている十二歳の少女は、せっぱつまった母親に言われて髪を切って男のフリをしてオサマという男の名前で仕事を求めに外に出る。しかし男の子たちに見破られて追いかけまわされたり、宗教儀式でミスをしたり、男のフリを続けるのは容易なことではない。そして結局、裁判にかけられたうえ、強制的に宗教指導者の老人の何人目かの妻にさせられてしまう。そんな、ただただ運命にほんろうされる気の毒な少女を一途に追った内容である。メロドラマ的な誇張もないし、少女のがんばりを強調するわけでもない。監督ははじめ、『虹』という題を考えていて、さいごには美しい虹で希望を暗示するつもりだったのだが、作っているうちにそんなのは嘘だと分かって止めたそうである。だから本当に救いのない作品であるが、見ていて、なんとか生きぬいてほしい、少しは幸福にもなってほしい、という気持になる。そういう真摯な映画である。NHKがこういう作品に資金援助をするのは良いことだ。

NHKの協力で作られる以上、アフガニスタンだけでなく外国人の見る作品になる。ところが、この国が経験した悲惨な現実は少なくともテレビのニュースでは世界に知られている。バルマク監督はだから現実を美化するごまかしはできないし、だからといって憐れみを請うこともできなかったに違いない。掛け値のない本当のことを描いて、ただその厳しさにけんめいに耐えている自分たちの自尊心だけは分かってもらうこと。その張りつめた緊張感がこの映画の美しさになっている。

イランはアフガニスタンの隣国であり、一部の地域では言葉も通じる。もちろんイスラム教の同胞意識もあって、これまでもイラン映画ではイランにおけるアフガン難民を同情的に扱ったすぐれた作品をたくさん作っている。タリバン崩壊以後はさらに積極的にアフガニスタンの中に入って行って同胞を励ますという態度で映画を作っている。

サミラ・マフマルバフ監督の「午後の五時」は、アフガニスタンで将来は大統領になりたいと思う女性を描いている。タリバン崩壊以後、女も学校に行けるようになり、そこで女同士で議論もする。女だって大統領になりたいと思うと彼女が発言すると、女が大統領になんかなれるわけがないという女の同級生がいて議論になるのだ。

サミラ・マフマルバフの妹でまだ十四歳のハナ・マフマルバフが作った「ハナのアフガンノート」は、姉がこの映画の主役の女性を捜して出演させる過程を傍でデジタル・カメラで撮っていてまとめたいわゆるメーキングであるが、同じ議論をサミラがアフガニスタンの女性たちに投げかけて猛烈に反論されるところなどが撮られていて面白い。アフガニスタンほどではないにしてもイランだってイスラム教の政治の下で女性の解放は遅れているほうであって、サミラが声を大いにしてアジッているのは同時に自国の女たちに対する呼びかけでもあるのだ。一見素朴な作品だが、そこらにイランの自由派の若者たちの真剣な声が響いている。アフガニスタンのこともイランのことも、そしてもちろんイラクのことも、知ろうと思ったらまず、その国の人々の声に耳を傾けることから始める以外にないのだ。

おわりに

一九七五年に、今村昌平監督が横浜放送映画専門学院という映画学校を始めた。当時多くの映画会社が新規採用を止め、助監督や撮影助手、録音助手などなどの撮影現場の若者たちの採用を止めたため、行き場を見失った映画やテレビの志望者を集めて現場のベテランが教える学校だった。この学校はのちに日本映画学校になり、現在は日本映画大学になっている。そしていま、映画やテレビの製作現場にはじつにたくさんの卒業生が働いていて賞などたくさん貰っている。

この学校が始まったときから、毎週一日映画史の授業があり、淀川長治さんと私が講師になった。そのときからずっと映画批評家として新作について書くだけでなく、映画を歴史的に見て考えることが私の仕事の重要な部分を占めるようになった。

この本におさめた文章には「公評」という雑誌に発表したものが多いが、学校の授業の下書きとして書いたものや、他の新聞雑誌に発表したものもある。ただ一冊にまとめるに当って書き足したり書き直したりした部分が多いので、それぞれの初出を記すことは止めた。それぞれの編集者にはここで感謝としたい。

二〇一七年五月

日本映画大学名誉学長　佐藤忠男

佐藤忠男（さとう・ただお）
1930（昭和5）年、新潟県生まれ。日本を代表する映画評論家。日本映画大学名誉学長。映画を中心に演劇、文芸、大衆文化、教育など幅広い評論活動を半世紀以上続け、著書は100冊以上に及ぶ。妻・久子とともに受賞した第7回川喜多賞をはじめ、紫綬褒章、勲四等旭日小綬章、芸術選奨文部大臣賞、フランス芸術文化勲章シュバリエ章など国内外で受賞多数。主な著書に、『喜劇映画論』『映画で日本を考える』『映画で見えた世界』（小社刊）、『日本映画史 全4巻』（岩波書店）、『キネマと砲聲』（岩波現代文庫）、『映画の中の東京』（平凡社ライブラリー）ほか多数。

恋愛映画小史

2017年7月28日　初版発行

著　　者　佐藤忠男
発 行 者　青柳光明
発 行 所　株式会社中日映画社
〒105-0004 東京都港区新橋6-11-8-3F
TEL:03-6459-0943
http://www.chunichieigasha.co.jp/
発 売 所　株式会社桜雲社
〒160-0023 東京都新宿区西新宿8-12-1
ダイヤモンドビル9F
TEL:03-5332-5441
FAX:03-5332-5442
http://www.ownsha.com/
info@ownsha.com
印刷・製本　株式会社誠晃印刷

ISBN978-4-908290-32-9